KB060818

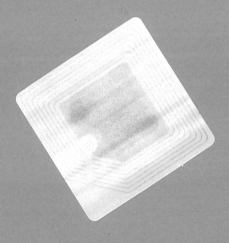

남에서 북을 다시 보다

: 탈북 박사들이 보는
북한의 보훈

보훈공단
보훈교육연구원
보훈문화총서
04

남에서 북을
다시 보다

: 탈북 박사들이 보는 북한의 보훈

보훈교육연구원 기획

이철 현인애 강채연 채경희 엄현숙 지음

보훈, 따뜻하고 든든한

보훈(報勳)은 '공훈에 보답한다'는 뜻이다. 「국가보훈기본법」
(2005.05.31)의 표현을 가져오면, "국가를 위하여 희생하거나 공
헌한 사람의 숭고한 정신을 선양하고 그와 그 유족 또는 가족의
영예로운 삶과 복지 향상을 도모하며 나아가 국민의 나라사랑정
신 함양에 이바지"하는 행위이다(제1조). 국가를 위한 희생이나
공헌의 성격은 다음 네 가지 범주로 규정하고 있다. "가. 일제로
부터의 조국의 자주독립, 나. 국가의 수호 또는 안전보장, 다. 대
한민국 자유민주주의의 발전, 라. 국민의 생명 또는 재산의 보호
등 공무수행"(제3조)

이러한 규정에 근거해 보훈을 '독립', '호국', '민주'라는 세 키워
드로 이해하는 흐름이 생겼다. '사회공헌'까지 보태 넷으로 분류
할 수도 있다. 보훈의 정신이 서너 가지 가치로 표현되어 오니까

나중에 기본법을 제정해 그 범주를 정리했다고 보는 편이 더 옳겠다. 독립, 호국, 민주 혹은 사회공헌을 위해 투신하다가 당한 희생에 국가가 물심양면으로 보답하는 과정이 보훈이다. 그동안 보훈정책은 세분화·구체화되었고, 예산도 확대되어 왔다.

그런데 좀 더 깊이 들여다보면 보훈의 구체화 과정에 문제가 없는 것은 아니다. 정책 하나하나의 문제라기보다는 보훈의 가치들 간 긴장과 갈등의 문제, 보훈에 대한 국민적 인식의 문제다. 두 가지 문제의식을 가지고 한국 보훈의 현실을 간략히 진단해 보자.

첫째 문제는 보훈의 주요 가치들인 독립, 호국, 민주 혹은 사회공헌의 실제 내용이 서로 충돌하기도 한다는 데 있다. 가령 북한과의 전쟁 경험에서 출발한 '호국'의 가치와 다원성을 중시하는 대북 포용적 '민주'의 가치가 부딪치곤 한다. 이런 현상은 분단국가이면서도 통일을 지향하는 한반도의 특수한 상황에 기인한다. 남과 북은 정치적 이념과 권력 구조가 달라 서로 적대하면서도, 통일 혹은 일치로 나아가기 위한 교류와 협력의 대상이기도 하다. 남북 관계는 적대적 준국가 관계에 놓여 갈등하면서도, 오랜 역사, 언어, 문화적 동질성을 훨씬 크게 경험해 온 한 민족이다. 분리되어 있으나 합일을 지향하는 이중 관계에 있는 것이다.

그렇다면 전쟁과 같은 아픈 역사에 기반한 호국의 가치와 미래 지향적 민주 및 사회 공헌의 가치가 적절히 만나도록 해야 한다. 이들을 화학적으로 결합시키지 못하면 한반도는 분단으로 인한 소모적 갈등이 두고두고 지속될 것이기 때문이다.

　독립과 관련한 가치가 구현되는 상황이 비슷하다. 원치 않게 일본의 식민지로 살아야 했던 역사적 경험과 이로부터 벗어나려 몸부림치던 선구적 희생의 자취가 공존하고 있는 것도 한국의 현실이다. 이른바 독립유공자는 선구적 희생에 대한 국민적 보답과 예우의 표현이지만, 같은 집안에서도 친일과 반일이 갈등하며 섞여 있는 것이 여전한 우리의 현실이다. 사회주의적 이념에 기반한 독립운동을 분단 이후 강화된 호국적 이념과 조화시키는 일도 간단하지 않다. 어떤 가치에 중점을 두느냐에 따라 북한은 물론 미국과 중국에 대한 태도도 크게 갈려서 정부가 외교적 균형을 잡기 어려운 것도 우리의 현실이다.

　이것은 한반도에서 공정한 보훈정책이 얼마나 어려운지 잘 보여준다. 그러면서도 역설적으로 보훈이 사회통합과 국가공동체 건설에 기여하는 계기와 동력이 될 수 있다는 뜻이기도 하다. 보훈의 이름으로 독립, 호국, 민주유공자 및 보훈대상자를 지속 발굴하고 선양하되, 그 과정에 벌어지는 갈등은 최소화해야 한다.

깊이 고민하고 성찰해서 독립, 호국, 민주의 가치를 화학적으로 조화시켜야 한다. 그렇게 사회통합을 이루고 국가의 공동체성을 구축해 가야 한다.

둘째 문제는 공훈에 보답하는 주체가 '국민'이라기보다는 '국가'라는 인식이 강하다는 것이다. 「국가보훈기본법」에서도 국가와 지방자치단체가 보훈정책을 시행하고 국민은 그에 협력해야 한다는 식으로 규정하고 있다(제5조와 제6조, 제8조와 제9조 참조). 보훈의 전제가 '국가를 위한 희생과 공헌'이다 보니, '국가가 보답한다'는 인식이 먼저 생기는 경향이 있다. 국가의 주체는 결국 국민임에도 불구하고, 보훈 행위에서 국민은 빠지거나 적당히 거리를 둬도 될 것 같은 이미지나 분위기가 형성되고 있는 것이다.

그러나 국가의 주체는 결국 국민이다. 보훈 행위의 무게중심을 국민에 둘 수 있어야 한다. 국민의 세금으로 정부, 특히 국가보훈처가 보답의 행위를 대신하고 있지만, 공을 세우고 그 공에 보답하는 주체 모두 결국은 국민이다. 정부는 국민의 눈높이에 맞춰 국민에게 먼저 다가가고 국민이 공감할 수 있는 정책을 계속 모색하고, 현대 사회에 어울리는 교육 콘텐츠를 개발 및 보급해야 한다. 무엇을 어떻게 하는 것이 보훈에 대한 국민적 기대치와 눈높이에 어울리는지 선제적으로 고민해야 한다. 보훈이 풀뿌리부터 자발적으로 문화화하도록 플랫폼을 제공해야 한다.

현 정부에서는 "든든한 보훈"을 슬로건으로 하고 있다. 오랜 군복무로 국가안보에 기여한 '제대군인'에 대한 지원을 강화하고, 보훈대상자들이 어디서든 불편 없이 진료받을 수 있도록 한국보훈복지의료공단 산하 보훈 종합병원들과 연계하는 '위탁병원'을 지역 곳곳에 확대하고 있다. 보훈대상자들을 연결고리로 국가와 국민을 든든하게 연결시키겠다는 취지의 정책이다. "따뜻한 보훈"을 모토로 한 적도 있다. 현장과 사람 중심의 보훈을 기반으로 국민과 함께 미래를 여는 정책을 펼치겠다는 것이었다. 모두 적절한 슬로건과 모토다. 국가-국민-국가유공자가 서로 연결되고 순환하는 체계를 만들어 나가겠다는 취지에서 서로 통한다.

어떻게 하든 한국 보훈의 방향은 순국선열, 애국지사, 전몰군경, 전상군경 등 전통적인 국가유공자들을 예우하되(국가유공자예우등에관한법률 제4조), 민주유공자와 사회공헌자는 물론 '국가사회발전특별공로자'와 같은, 시민사회에 좀 더 어울리는 유공자들을 적극적으로 발굴하는 방식으로 가야 한다(제4조). 보훈이 흔히 상상할 수 있는 전쟁 중심의 이미지에서 벗어나 평화 지향적으로 나아가는 데 기여해야 한다. 국경 중심의 근대민족국가의 범주에 갇히지 말고 인간의 아픔에 공감할 줄 아는 보편적 인류애에 호소해야 한다. 그렇게 세계가 축복할 수 있을 보훈정책의 모델을 한반도에서 만들어 내야 한다.

　그러면 국민은 국민대로 오늘의 삶을 누리는 데 기여한 이들을 위해 마음과 시간을 더 낼 수 있을 것이다. 가족이 다치면 가족이 돌보지 않던가. 희생은 없어야 하고 없을수록 좋지만, 만일 가족 중 누군가 아프면 가족이 치료하고 돌보면서 가정을 유지해 나간다. 국민이 국가를 위해 일하다가 다치면 그곳에 국민의 손길이 미칠 수 있어야 한다. 그런 문제의식을 가진 국민을 '시민'이라고 명명한다면, 보훈도 시민사회와 순환할 수 있어야 한다.

　정부는 물론 보훈 연구자들은 이러한 유기적 관계성을 따뜻한 철학으로 뒷받침해야 한다. 국가유공자와 보훈대상자를 위한 복지와 의료 정책에 첨단 인공지능과 다양한 빅데이터도 적절히 활용할 수 있을 것이다. 이렇게 희생과 아픔에 대한 인간의 원천적 공감력에 호소하면서 시민사회가 보훈을 자신의 과제로 삼을 수 있는 바탕을 다져야 한다. 그렇게 미래로 나아가고 세계와 소통하는 국가를 만들어야 한다. 보훈은 국가를 돌아가게 하는 근본 원리이다.

이러한 원리는 더 이상 누군가의 희생이 나오지 않아도 되는 안전하고 평화로운 국가와 세계가 이루어질 때까지 계속되어야 한다. 이러한 세계를 이루기까지 심층적인 의미에서 선제적으로 이루어 가는 보훈, 이른바 '선제적 보훈'의 길을 걸어야 한다.

그동안 보훈 관련 각종 정책 보고서는 제법 많았다. 그러나 대부분 일반인의 손에는 닿을 수 없는 전문가의 책상과 행정부서 깊은 곳에 머물렀다. 보훈의 역사, 이념, 의미, 내용 등을 국민적 눈높이에서 정리한 대중적 단행본은 극소수였다. 정작 보훈이 무엇인지 관련자들도 깊고 체계적으로 고민할 새가 별로 없었다. 무엇보다 시민사회로까지 다가서기에는 부족했다.

이러한 현실을 의식하며 보훈교육연구원에서 일반 시민이 쉽게 접근할 수 있도록 대중적 차원의 『보훈총서』를 기획하고 드디어 출판에 이르렀다. 지속적으로 출판할 예정이다. 보훈이 무덤덤한 '그들'만의 이야기가 아니라 '우리'의 이야기가 되면 좋겠다. 인간의 얼굴을 한 따뜻하고 든든한 보훈이 되면 좋겠다.

보훈교육연구원장
이 찬 수

남북한 통합의 새로운 출발!
어디에서 시작되어야 하는가?

　광복 75주년을 맞는 올해도 세대와 세대를 넘어 분단, 평화, 통일이 계속되고 있는 이때, 한반도 반쪽, 북한의 보훈제도에 대해 알아보는 색다른 시간을 가졌다. 남과 북 사이에는 사회주의와 민주주의의 상반된 가치와, 국가의 정체성의 차이로 인하여 보훈에서도 차이가 있다. 어디에서, 어떻게, 왜, 무엇을 위해 헌신했는지는 시대와 역사, 국가의 가치와 판단에 따른 것일지라도, 우리는 다름과 차이에서 합의와 이해, 일말의 공통성을 찾아, 남북통합의 퍼즐을 맞추어 가려고 한다.

　이 책의 1장 '북한 보훈정책의 모든 것'에서는 분단 이후, 그리고 6·25를 거치며 이념과 체제 경쟁, 충돌, 갈등을 거듭하는 과정에 '보훈'에 대한 견해가 체제를 위해 어떻게 강조되고 발전해 왔는지 그 과정을 잘 알 수 있다. 남북의 평화적 환경 조성을 위해 보훈의 가치와 기준을 다시 정립해야 될 필요성이 있음을 강조하면서 정쟁을 피하고 진지한 입장에서 한반도의 보훈을 고민하자는 제안을 하고 있다.

2장 '북한의 정치적 보훈제도'에서는 북한 보훈제도의 핵심을 정리하고 있다. 보훈대상자와 그 자녀에 대한 보상 제도와 그 이면, 북한의 보훈제도가 보훈대상자의 신분 상승, 간부 등용 등 체제 결속을 다지는 데 어떻게 직간접적으로 활용되고 있는지 자세하게 알 수 있다.

3장 '북한 보훈제도 어제와 오늘, 그리고 내일'에서는 북한 보훈의 어제와 오늘을 살펴보고 내일을 기약하는 근간의 차원에서 상세하게 설명하고 있다. 특히, 북한 보훈제도의 사회적 합의 체계를 통해 한국의 보훈제도와 상호 공백과 접점, 협력 등 조금은 색다른 통합의 씨앗을 찾아 떠나는 지적 여행을 하고 있다.

4장 '북한의 보훈과 제재, 그 법제는 현실 적합한가'는 믿을 수 있는 자에 대한 보훈과 믿을 수 없는 자에 대한 제재 정책은 절대적인 충성심을 내세우지만, 신분이 구분되는 북한 사회의 성분 제도에 대해 잘 드러내고 있다.

마지막 5장 '북한 보훈과 영웅 상징화'에서는 북한이 새 세대들에게 교양과 혜택을 동시에 알려주면서 보훈의식 함양에 주력하는 교육을 통하여 학생들의 '결의'를 끌어내는 것에 집중하고 있음을 알게 된다. 또한 기존 연구나 글들에서는 밝혀지지 않았던 북한 사회의 영웅 상징화에 주목한다는 점에서 그 의미를 찾을 수 있다. 한국과는 반대되는 이념에서 시작된 북한의 보훈정책과 제도는 한반도가 평화의 공동체로 나아가는 과정이 얼마나 어려운지 잘 보여준다. 이 책을 통해 북한 보훈제도의 사회적 보장 체계와 사회적 합의 체계를 이해하고 우리와는 조금은 다른 보훈제도의 여러 가지 얼굴들을 발견하게 될 것이다.

『남에서 북을 다시 보다: 탈북 박사들이 보는 북한의 보훈』 집필에 참여한 연구자들은 모두 탈북민이다. 북한 출신 연구자들의 고민을 통해, 오늘 남북한 통합의 새로운 출발은 어디에서 시작되어야 하는지를 생생하게 볼 수 있다. 이 책을 시작으로 북한 보훈제도의 어제와 오늘, 그리고 내일에 대한 연구가 더 활발해졌으면 좋겠다.

본편 원고 집필에 참여해 주신 박사님들과 편집을 위해 수고해 주신 〈도서출판 모시는사람들〉에 감사드린다.

보훈교육연구원 연구원
윤 승 비

남에서 북을 다시 보다

북한 보훈정책의
모든 것

이 철_ 국가안보전략연구원 책임연구위원

분단 이후, 그리고 6·25를 거치면서 남북은 이념과 체제 경쟁, 충돌, 그리고 갈등을 거듭하면서 그 한 개의 수단으로 보훈을 남북 당국들이 각각 강조하고 발전시켜 왔다. 이제 남북이 평화적 환경을 마련하고 그것이 한반도 통일로 이어지는 데서 남북한 각각의 보훈을 강조하기보다 통일 보훈에 대한 고민과 연구를 통해 보훈이 한반도 통일에 이바지하도록 하는 것이 바람직하다고 생각한다. 그러자면 통일 보훈을 위한 가치와 기준 정립이 우선되어야 한다고 생각한다. 통일 보훈을 위한 가치와 기준 정립을 위해서는 정쟁을 피하고 진지한 입장에서 한반도 보훈을 이제부터 고민할 때이다.

1. 보훈의 함의

남한과 마찬가지로 북한에도 보훈정책과 제도가 있다.* 북한에서 보훈은 당과 국가에 헌신하여 공을 세운 자와 그 가족에게 제공하는 당과 국가의 보상이다. 북한은 당의 창건과 강화 발전, 국가 건설과 강화 발전에 기여한 공로에 따라 보훈대상자를 정하고 여러 가지 형식으로 보훈하고 있다.

북한의 보훈은 정치적 보훈과 물질적 보훈으로 구성된다. 북한에서 보훈은 정치의 한 형태라고 할 수 있다. 보훈을 통하여 당과 국가에 공로를 세운 자와 그 가족들에게 보상하는 것과 함

---

* 북한에서 '보훈'이라는 표현은 쓰지 않는다. 그러나 공로자들에 대하여 나름 여러 가지 형태로 보상하는 내용을 여기서는 '보훈'이라고 지칭하기로 한다.

께, 당과 국가에 헌신한 자의 공로와 행위를 사회의 귀감으로 내세우고 사회 구성원 모두가 따라 배우도록 한다.

보훈 내용을 대상에 따라 차등 적용하는데, 청춘도 생명도 다 바쳐 "혁명의 개척기에 수령을 따라 간고한 혁명의 길"을 헤쳐 온 공로자들에게 가장 가치 있는 보훈을 제공함으로써 사회 모든 성원들의 귀감으로, 선망의 대상으로, 자라나는 새 세대들과 후대들이 따라 배워야 할 귀감이 되도록 한다.

정치적 보훈으로는 표창·수훈·언론을 통한 소개 등이 있다. 표창은 최고지도자의 명함으로 된 김일성·김정일 표창장이 있고, 수훈 역시 최고지도자의 이름으로 된 김일성훈장, 김정일훈장, 공화국영웅, 노력영웅, 국기훈장 제1급, 국기훈장 제2급, 국기훈장 제3급, 노력훈장, 공로메달 등이 있다. 남북 관계와 통일 위업에 공헌한 자에게는 '조국통일상'을 수여한다. 외국인들에게도 수훈하고 있는데, 친선훈장·명예박사 칭호 등이 그 대표적 사례이다.

북한의 보훈은 당적·국가적으로 공로자들과 그 가족들에 대한 보상 그 자체와 사회 모든 구성원들을 교양하는 의미를 담고 있다. 언론을 통해서는 공로 있는 자의 업적과 공로를 전 사회에 널리 소개 선전함으로써 본인에게는 당과 국가에 공헌한 것에 대한 긍지와 자부심을 안겨주고, 사회 구성원들에게는 귀감으로 내세운다. 북한은 언론을 통해 공로 있는 자의 소행을 전 사회에 널리 소개·선전하며 모두가 따라 배우도록 적극 종용한다. 이것은 주로 〈노동신문〉, 〈민주조선〉, 〈조선인민군〉, 〈청년전위〉 등 주요 신문들과 중앙TV, 평양방송 등을 통해 이루어지며, 뉴스, 드라마, 영화의 소재로도 삼아 제작하고 TV에서 상영하기도 한다.

물질적 보훈은 당과 국가에 특출한 공로를 세운 자에게 주택과 상품 공급, 의료 시스템을 통하여 제공된다. 그러나 북한은 기본적으로 물질적 자극이 사람들의 개인주의를 조장한다고 하면서 정치적 보훈을 더 내세우고 있다.

북한은 보훈정책 면에서 사회적 공간을 활용하여 공로 있는 자와 그 가족들에게 남보다 우선적이고 우월한 혜택을 제공한다. 대학을 비롯한 상급학교 추천에서 우선권을 부여하고 가산점을 제공하며 그들이 간부로 성장하도록 체계적으로 관리하고 실제로 승진시키고 있다. 이러한 정치적·물질적·시스템적 보훈을 제공함으로써 북한은 당과 국가에 헌신하여 공로를 세운 자들과 그 가족들을 체계적으로 관리하고 당과 국가의 기본 핵심 계층으로 만든다.

북한은 보훈정책의 한 형태로 유자녀 정책*도 적극적으로 실시하였다. 북한은 유자녀혁명학원 설립을 간부 양성을 위한 기반 마련의 중요한 문제로 제기하고, 체제 형성기부터 각별한 관심을 돌렸다. 해방 직후인 1945년 10월 고향 만경대를 찾은 김일성은 만경대에 항일빨치산들의 유자녀들을 위한 학교 설립을 언급한 데 이어, 1947년 3월 북조선인민위원회 결정 제15호를 발표하여 '혁명가유가족학원창립준비위원회'를 조직하도록 하였다.** 창립 당시 학제는 특설반, 초급반, 고급반으로 구성되어 인민학교(초등학교)로부터 고급중학교(중학교) 정도까지의 과목을 배울 수 있게 되어 있었으며, 10개의 학급에서 350명의 유자녀들이 공부하였다.***

   1950년 6월 25일 발발한 한국전쟁으로 인하여 북한 전역에 무수한 전쟁고아가 발생하자 북한 지도부는 1951년 1월 내각결정

---

* 유자녀란 빨치산투쟁 참가자나 6·25 전쟁 참가자 같은 공로가 있는 자의 자녀들이다.
** 김일성, 「만경대 인민들과의 상봉모임에서 한 연설, 1945년 10월 15일」, 『김일성전집』제2권, 147쪽.
*** 김동규·김형찬, 『북한교육사(조선교육사 영인본)』, 서울: 교육과학사, 2000, 118쪽. (이하 도서명만 표시)

제192호 「조국해방전쟁에서 희생된 인민군장병 및 빨찌산들과 애국렬사들의 유자녀학원 설치에 관하여」를 발표하였다.[*] 이 내각결정을 통하여 평양시를 비롯한 각 도에 유자녀보육원(3살~6살)과 초등학원(7살~12살), 유자녀군사학원(13살~18살의 남자), 유자녀여자기술학원(13살~18살)을 설치하며 보육원과 초등학원, 여자기술학원은 교육성에서, 군사학원은 민족보위성에서 직할하도록 하였다. 또한 유자녀학원 설치 및 개교를 교육상과 민족보위상 및 각 도 인민위원회 위원장들이 책임지도록 하였다. 그리고 "유자녀를 조국과 인민을 위하여 충실히 복무하는 우수한 민족간부로 교육하는 것"을 국가적 중요 과업으로 명시하였다.[**]

1958년 4월 당중앙위원회 상무위원회를 소집한 김일성은 "혁명가 유자녀들과 애국렬사유자녀들은 장차 우리 혁명을 떠메고 나갈 기둥감들입니다"라며 "각 도에 새로운 유자녀학원을 창립할 데 대하여서"와 "만경대학원을 확장할 데 대한 조치"를 취하

---

[*] 김일성, 「조국해방전쟁에서 희생된 인민군장병 및 빨찌산들과 애국렬사들의 유자녀학원 설치에 관하여 (내각결정 제192호 1951.1.13)」, 『김일성전집』 제13권, 33~35쪽.

[**] 이 시기 북한은 종전의 학원들을 '김정숙녀자기술학원', '안길초등학원', '강건녀자기술학원'으로 개칭하였다. 앞의 『북한교육사』, 263쪽.

였다. 이어서 "유자녀들을 위한 외국어학원을 새로 내오고", "거기서 외국어를 배워 주어 그들을 장차 대외 일꾼으로 키울 데 대하여", 그리고 "민청중앙위원회가 직접 운영하면서 민청간부들을 양성하는 유자녀학원 설립할 데 대한" 과업을 하달하였다.*

이에 따라 학원 건설을 전 인민적 운동으로 전개하여 1958년 9월에는 평양, 사리원, 곽산, 해주, 함흥, 양덕 등지에서 유자녀학원들이 개원하였으며 만경대학원(1,000명), 김용범**(라진)유자녀학원(800명), 남포유자녀학원(330여 명), 해주유자녀학원(300명), 사리원민청유자녀학원(480명), 평양외국어유자녀학원(200명), 함흥외국어유자녀학원(400명), 곽산유자녀학원(500명), 양덕유자녀학원(350명)에서 4,360명에 달하는 유자녀들이 국가의 보호를 받으며 후비간부로 육성되었다.***

1972년 3월 31일 북한은 '남포혁명학원'을 김일성의 어머니 이

---

* 김일성, 「유자녀학원, 초등학원, 애육원 사업을 개선할 데 대하여, 당중앙위원회 상무위원회에서 한 결론 1958년 4월 1일」, 『김일성전집』제21권, 평양: 조선로동당출판사, 1998, 414~415쪽.

** 김용범은 김일성의 혁명 동지로 해방 후 평양에서 공산당을 조직했고 정권 수립 후에는 당중앙위원회 검사위원장으로 일하였다.

*** 앞의 『북한교육사』, 451~453쪽.

름을 따서 '강반석혁명학원'으로 명명하도록 하고 여기에 유자녀들을 여성 정치간부로 양성하기 위한 '대학반'만을 두도록 하였다. 그리고 1981년 1월에는 강반석혁명학원의 3년제 대학반을 4년제로 개편하였다.[*] 1982년 12월 강반석혁명학원의 대학반을 강반석정치대학으로, 다시 1992년 8월 강반석유자녀대학으로 개칭하면서 혁명 유자녀 여성들을 정치간부로 양성하는 고등교육기관으로 승격시켰다.

1972년 3월 남포혁명학원으로부터 분리된 강반석혁명학원은 1980년대 중반 남포시에 있던 학교 건물을 평양시 만경대 구역 칠골 2동으로 이전하였다. 강반석혁명학원은 북한 사회 전반에 걸쳐 그 공로가 인정되는 사람들의 유자녀들만을 모아 초·중등 교육을 하고 있다.[**]

또한 1974년 12월 26일 당중앙위원회 비서국(현재 정무국) 결정으로 평안북도 동림군 동림읍에 '새날혁명학원'을 설립하도록 하

---

[*] 한국평화문제연구소·조선과학백과사전출판사 편, 『조선향토대백과(1)』, 한국평화문제연구소·조선과학백과사전출판사, 2003, 196쪽.

[**] 〈연합뉴스〉 1999.04.22. https://news.naver.com/main/read.nhn?mode= LSD&mid (검색일, 2018.8.24.)

였다.* 이렇게 함으로써 핵심 지지층을 부단히 육성하고 공고히 하여 당의 대중적 지반을 강화하고 혁명과 건설을 추동하는 데서 군중노선을 관철해 나간다. 북한은 단순한 보훈이 아니라 보훈을 통하여 사회의 핵심계층을 부단히 생산하고 관리하면서 그들을 통하여 전 사회를 관리하고 운영한다.

혁명가 유자녀들에 대한 북한 지도부의 기대는 대단하다. 북한 지도부는 특별히 만경대혁명학원에 지대한 관심을 돌렸다. 만경대혁명학원은 11살~19살까지의 혁명가 유자녀들을 받아들여 중학교의 6학년 과정을 마친 다음 2년 동안 단과대학 정도의 군사, 기술 교육을 하면서 그들을 사회주의 체제 수호의 핵심 세력으로 육성해 냈다.**

1994년 7월 8일 김일성 사후 북한에 덮쳐든 '고난의 행군'으로 인하여 사회주의가 기로에 서 있던 시기인 1997년 1월 1일, 만경대혁명학원과 강반석혁명학원을 찾은 김정일은 유자녀들이 부모들의 넋(정신)을 이어 당의 핵심 골간으로서의 책임과 역할을

---

* '새날'은 김일성이 1928년에 만주의 무송중학교에 다닐 때 창간한 잡지명이다. 김동규·김형찬, 『북한교육사(조선교육사 영인본)』, 1022쪽. 1971년에 발간된 사로청(청년동맹)의 중앙기관지 이름으로도 쓰였다.
** 앞의 『조선향토대백과(1)』, 197쪽.

다할 것을 주문하였다.* 그런가 하면 김정은 역시 2011년 12월 17일 김정일 서거 후 첫 설 명절인 2012년 1월 24일 만경대혁명학원을 찾아 "학원에서는 학생들을 혁명의 명맥, 핏줄기를 이어나갈 핵심 골간으로, 흠잡을 데 없는 진짜배기 혁명가로 키워낼 것"을 강조하였다.**

해방 후 첫날부터 체제 형성·강화·유지의 전 기간 동안 혁명가 유자녀 육성에 바치는 북한 지도부의 관심과 기대는 만경대혁명학원에 대한 현지지도 횟수만 보아도 알 수 있다. 김일성, 김정일, 김정은, 김정숙의 만경대혁명학원에 대한 현지지도 횟수는 각각 118회, 93회, 2회, 62회로써 북한에서 현지지도 최다의 기록을 가진다.***

북한은 수령, 당, 대중이라는 사회정치적 생명체에서 공로 있

---

* 김정일, 「혁명가 유자녀들은 당과 수령에 대한 무한한 충실성으로 혁명의 대를 굳건히 이어나가야 한다. 당중앙위원회 책임일군, 조선인민군지휘성원들과 한 담화, 2007년 10월 13일, 18일」, 『김정일선집(증보판)』 제23권, 평양: 조선로동당출판사, 2014, 263쪽.
** 김정은, 「혁명가 유자녀들을 선군혁명의 기둥으로 튼튼히 키우는 것은 만경대혁명학원의 기본임무이다. 만경대혁명학원을 돌아보면서 일군들과 한 담화, 2012년 1월 24일」, 평양: 조선로동당출판사, 2013, 15쪽.
*** 위의 책, 17쪽.

는 자와 그 가족들에게 커다란 기대를 가지고 있으며, 그들이 사회정치적 생명체 내에서 중추적 역할을 하도록 교양하고 육성하며 추동하고 내세운다. 사회의 핵심 요소에 당과 국가에 공로를 세운 자와 그 가족들을 배치하고 관리·운영함으로써 사회를 수령과 지도자의 사상과 의도대로 건설하고 발전시키는 밑거름으로 활용한다.

북한은 보훈을 '혁명가의 의리·도덕'으로 여기고 이 사업에 나름 성의를 다하고 있다. 김일성은 8·15 해방 이후 항일무장투쟁 시기에 함께 투쟁한 전우의 자녀들을 찾기 위해 림춘추(항일무장투쟁 참가자)를 단장으로 하는 대표단을 동북3성에 파견하였고, 찾아온 전우의 자녀들을 공부시키기 위해 만경대혁명학원을 설립하고 운영하였다. 체제 형성기의 북한은 부족한 간부 문제를 해결하기 위하여 노동계급 출신의 신진 간부 육성과 함께 항일 빨치산 전사자와 희생자의 유자녀들을 위한 '혁명가유자녀학원'(현 만경대혁명학원)을 설립하고 그들을 당과 국가의 핵심 골간으로 키우고자 하였다.

이 시기 만경대혁명학원 입학생 선발 기준을 보여주는 김일성의 발언이 있다. "학원에서는 혁명가 유자녀들만 받아 공부시키는 원칙을 철저히 지켜야 하겠습니다. 입학생들의 문건을 보니 북조선인민위원회 국장의 딸도 학원에 와 있는데 국장의 딸은 학원 입학 대상자로 될 수 없습니다. 지금 학원에 남조선에서 투쟁하고 있는 사람들의 자녀들이 와 있는데 그런 학생들도 다 학원에서 공부시켜야 합니다."* 이는 해방 이후부터 한국전쟁 전까지 만경대혁명학원 입학생 선발 대상이 '항일혁명가 유자녀'와 '대남공작원' 자녀들이었음을 보여준다.

1950년 6월 25일 발발한 한국전쟁으로 하여 북한 전역에 무수한 전쟁고아가 발생하자 북한은 내각결정으로 "조국해방전쟁에서 희생된 인민군장병 및 빨치산들과 애국렬사들"의 유자녀학원을 설립하도록 하였다. 이어 학원 입학생 선발을 위하여 1951년 2월에 시·군과 리들에 각각 '유자녀학원 입학대상자심사위원회', '유자녀조사위원회'를 조직하고 활발히 활동하였다.**

전후 북한은 "혁명을 떠메고 나갈 기둥감들"을 위하여 "각 도에 새로운 유자녀학원을 창립할 데 대한 조치"를 취하였으며, 그 결과 1958년에는 평양, 해주, 곽산 등지에서 유자녀학원이 일제

---

* 김일성, 「혁명자유자녀들은 부모들의 뜻을 이어 훌륭한 혁명가가 되라. 만경대혁명학원 학생, 교직원들과 한 담화 1947년 8월 3일」, 『김일성전집』 제6권, 151쪽.
** 앞의 『북한교육사』, 262쪽.

히 개원하였다. 이 시기 김일성은 700명 규모의 만경대혁명학원 시설을 확장하여 1,500~2,000명 정도의 학생들이 공부할 수 있도록 지시하였다.* 이러한 지시는 한국전쟁 시기에 희생된 '전사자', '피살자'들의 유자녀들도 만경대혁명학원에 입학시켜 그들을 혁명의 계승자, 혁명의 핵심 세력으로 육성해 나가려는 북한 지도부의 결심을 반영하고 있다.**

　1970년 5월 북한은 당중앙위원회 비서국 결정으로 남포혁명학원의 인민반(초등학교 과정안을 배우는 학생들의 학급)을 졸업한 유자녀들 중 남학생은 만경대혁명학원 또는 남포혁명학원 중등반(중학교 과정안을 배우는 학생들의 학급)으로 진학시키고, 중등반 여자 졸업생은 남포혁명학원 대학반에, 남자 졸업생은 해주혁명학원 대학반에 입학시켜 정치대학 과정을 거치도록 하였다. 이

---

*　김일성, 「유자녀학원, 초등학원, 애육원 사업을 개선할 데 대하여, 당중앙위원회 상무위원회에서 한 결론 1958년 4월 1일」, 『김일성전집』 제21권, 평양: 조선로동당출판사, 1998, 415쪽.

**　김일성은 1956년 초와 여름에 평안남도 순안군 원화리(평원군 원화리)와 평안북도 창성군에 위치한 피살자, 전사자의 가족을 찾아 그들의 생활형편을 알아보며 자녀들을 만경대혁명학원에 보내도록 하였다. 김동규·김형찬, 『북한교육사(조선교육사 영인본)』, 452~453쪽.

후 새날혁명학원에는 '11과 대상'*의 유자녀들을, 남포학원에는 '사회주의 애국자 희생자' 유자녀들을 입학시키며 이곳을 졸업한 유자녀들뿐만 아니라 일반 고등중학교를 졸업하는 학생들도 입학 선발 기준에 따라 강반석혁명학원에 입학하도록 하는 등의 조치를 통해 유자녀들을 당과 수령에게 충실한 간부들로 양성하고자 하였다.**

6·25 전쟁 시기 김일성은 항일무장투쟁 시기에 일제와 싸우다 희생된 전우의 자녀들로 "친위중대"를 조직하고 그들을 자신의 최고사령부와 함께 데리고 다니면서 돌봐 준 일화도 있다. 이러한 과정들을 북한은 "혁명가의 의리와 도덕"으로 적극 선전하고 있다. 훗날 "친위중대" 출신들은 동유럽 국가로 유학을 갔다 왔으며, 귀국 후 당과 국가의 요직에서 활동하였다. 그러한 인물들은 연형묵, 오극렬, 강성산, 박송봉 등 그 수가 적지 않다.

북한은 만경대혁명학원, 김일성종합대학, 인민경제대학, 김일성고급당학교 등 우수한 교육기관들에 공로 있는 자와 그 자녀들을 우선적으로 입학시켜 공부시키며, 졸업한 그들을 당과 국

---

* 북한은 대남공작원들과 그 가족들을 '11과 대상'으로 규정하고 예우.

** 앞의 『북한교육사』, 798~799쪽.

가의 주요 단위들에 배치하고 요직에 임명함으로써 당과 체제를 받드는 초석으로 활용하고 있다.

결국 북한에서 보훈은 공로자에 대한 보상인 동시에 또 다른 '위훈'과 '공'을 세우도록 부단히 유인하는 의미도 내포한다. 실제로 북한 체제의 주요 요소들마다에 공로 있는 자들과 그 가족이 배치되어 당과 체제를 받들면서 중요한 역할을 하고 있다. 오늘날 북한 체제의 중요 직책에는 어젯날 공로를 세운 자의 자녀들이 배치되어, 정부 부처와 기관, 각 단위의 중요 간부로 활동하고 있다. 대표적 사례로 김일성·김정일 시기에는 항일무장투쟁 참가자의 자녀들이 중요 간부로 활동하였고, 김정일·김정은 시기에는 당의 기초 축성 시기 일꾼의 자녀들이 중요 간부로 당과 체제를 받들어 활동하고 있다.

2. 보훈정책

북한은 당의 창건과 강화 발전, 국가 건설과 그 발전에 헌신한 자와 그 가족들에게 보훈하는 것을 혁명가의 의리이고 의무라는 관점에서 출발하여 보훈정책을 수립하고 그에 따라 보훈하고 있다. 즉, '혁명의 개척기' 가장 어려운 시기에 누가 알아주지도 않는 때에 수령(김일성)이 창시한 혁명사상과 국가건설사상을 받들어 자신의 청춘과 생명을 초개와 같이 바쳐 투쟁한 공로자들과 그 가족을 예우하는 것을 혁명가의 가장 숭고한 의리와 의무·도덕으로 여기는 것이 보훈정책의 기본 정신이다.

북한 당국은 보훈을 통하여 자라나는 새 세대들이 혁명 선배들의 업적과 위훈을 기리고 그들에 대한 당국의 존경과 예우를 보면서 사회 구성원 모두가 혁명 선배들처럼 살며 생활하도록 교양하고 배우도록 하는 것을 보훈정책의 목표로 삼는다.

사회 구성원들을 교양하는 데서 가장 중요한 것이 수령과 지도자에 대한 충실성, 당과 혁명에 대한 무한한 헌신성을 따라 배우는 것이라 여기고, 여기에 중점을 두고 보훈정책을 수립한다. 또한 보훈을 통하여 공로자들과 그 가족들이 대를 이어 당과 수령에게 충성하고 사회의 귀감으로 살며 일하도록 한다.

북한은 지난날 공로를 세운 자들과 그 가족들이 대를 이어 영원히 당과 수령에게 충성하며, 인민대중의 '자주위업'을 개척하기 위한 투쟁에서 그들이 누구보다 앞장서기를 바란다. 당국은 지속적인 보훈을 통해서 공로자들과 그 가족이 지난날과 마찬가지로 앞으로도 영원히 당과 수령에게 충성하고 혁명 투쟁과 사회 건설에서 누구보다 앞장서 투쟁할 것으로 기대한다.

북한은 보훈을 통하여 공로자들과 그 가족들을 당의 핵심 군중으로 장악하고 그들이 핵심으로서의 사명과 역할을 다하도록 한다. 당국은 체계적인 조직별 강연과 학습 등을 통해 보훈대상에 대한 교양과 교육을 제공하면서 그들이 지난날과 같이 오늘과 내일도 영원히 당과 체제를 받들어 충성하도록 요구한다. 공로자들과 그 가족이 당국의 보훈을 받으면서 당과 체제에 충성한 본인과 가족들의 '업적'과 '공'을 두고두고 깊이 새기고 영광으로 여기면서 당과 체제에 충성을 맹세하도록 유인한다. 당국의 보훈을 받는 그들은 북한 사회에서 핵심계층을 이루고 핵심으로서의 사명과 역할을 다하기 위해 노력 한다.

북한 당국은 기회와 계기가 있을 때마다 공로자들을 적극 내세우고 그들이 지난날과 같이 오늘은 물론 내일도 영원히 체제를 받들어 충성하도록 요구할 뿐만 아니라 사회 구성원 모두가 가장 어려운 시기 당과 지도자를 받들어 충성한 공로자들의 위훈과 업적을 기리고 그들처럼 살며 투쟁하도록 사회적으로 적극 소개·선전한다. 신문, 방송, TV를 통하여 전 사회에 공로자들의 '업적'과 '위훈'을 적극 소개·선전하고, 모두가 영광된 길, 충성의 길을 이어 가도록 적극 장려한다. 공로자들에 대한 보훈을 통하여 사회의 모든 성원들이 공로자들을 적극 따라 배우고 그들처럼 살며 투쟁할 것을 적극 종용한다.

3. 보훈대상

북한은 보훈대상을 정확히 구분하여 보훈정책을 실시하고 있다. 북한의 보훈대상은 혁명의 길을 처음 개척한 수령을 따라 수령의 초기 혁명 활동기부터 항일무장투쟁기,* 8·15 이후 새 사회 건설기, 6·25 전쟁기, 전후 복구 건설기, 사회주의 건설기를 관통하는 전 과정에 걸쳐 보훈대상자들을 정하고 보훈하고 있다.

보훈대상은 북한의 지도사상(통치이념)을 받들어 국가 건설과 발전에서 특출한 공로를 세운 자와 그 가족들을 대상으로 하는 것을 원칙으로 한다.

김일성이 초기 혁명 활동을 전개한 시기부터 항일무장투쟁 시

---

* 북한은 보훈대상을 정함에 있어서 김일성의 초기 혁명 활동 시기부터 항일무장투쟁 시기 이에 동참한 자들과 그 가족을 첫째가는 보훈대상으로 한다.

기에 이르기까지의 기간 동안 혁명에 동참한 자와 그 가족들은 그 누구에게도 견줄 수 없는 첫째가는 보훈대상이다. 북한 당국은 이들을 "항일빨치산 참가자와 그 가족"으로 분류한다. 김일성의 초기 혁명 활동에 동참한 자와 그 가족들, 항일빨치산투쟁(항일빨치산) 참가자와 그 가족들이 여기에 속한다.

다음으로 8·15 이후 새 사회 건설(민주 건설 시기)에서 특출한 공로를 세운 자와 그 가족들을 보훈대상으로 하고 있다. 이들은 "사회주의 애국열사"로 분류한다.

이어서 6·25 전쟁기, 전후 복구 건설기, 사회주의 건설기에 당과 수령의 사상과 영도를 받들어 단위들에서 특출한 공로를 세운 자와 그 가족 역시 보훈대상으로 하고 있다. 이들은 '전투영웅 및 공화국영웅', '노력영웅', '공로자' 등으로 분류한다. 6·25 전투영웅, 공로 있는 상이군인,* 전후 복구 건설기 노력영웅, 사회주의 건설기 노력영웅 및 공로자와 그 가족들이다.

그뿐만 아니라 '고난의 행군' 시기, 김정일의 선군정치 시기, 현시기 등 사회 발전의 매 단계마다 당과 수령, 지도자의 구상과 뜻

---

* 북한은 상이군인을 영예군인이라고 하는데 이것은 하나의 호칭적·명예적 보훈이다.

을 받들어 맡은 단위사업에서 혁혁한 위훈을 세운 자와 그 가족들, 사회의 귀감을 창조한 자와 그 가족들을 보훈대상으로 한다. 특히, 김정일이 당에서 활동한 초기 그와 함께 일한 일꾼들을 '당의 기초축성 시기 일꾼'으로 분류하고 그들을 보훈한다.* 또한 '사회주의 애국열사', '공로자' 등도 여기에 속한다. 공로자에는 공훈과학자, 공훈배우, 공훈체육인, 공훈예술인, 인민과학자, 인민배우, 인민체육인, 인민예술인 등이 있다. 상이군인들을 '영예군인'으로 분류하고 그들에게도 해당한 보훈을 제공한다.

북한은 직제에 '고문'을 두고 그 단위에서 오랫동안 활동하면서 충실하게 일해 온 일꾼들을 보훈대상으로 정하고 노후에도 일정한 사회적 혜택을 누리면서 그대로 활동하도록 한다. 또 통일 위업 수행에서 특출한 공로를 세운 자와 그 가족들에 대해서도 보훈대상으로 정하고 보훈하고 있다. 공로 있는 대남요원과 그 가족들, 남파공작원과 그 가족들을 11과 대상으로 분류하여 보훈하고 있다.

---

* 현재 북한에서 김정일 시대의 '당의 기초축성 시기 일꾼'과 그 가족들은 김일성 시대 항일빨치산과 그 가족들에게 제공한 보훈과 똑같은 예우를 받고 있다.

4. 보훈의 종류

북한에는 다양한 보훈 종류가 있다. 가장 먼저 꼽을 수 있는 것은 표창과 수훈이다. 즉, 표창과 수훈에 의한 정치적 보훈이라고 할 수 있다. 표창은 공로에 따라 김일성상, 김정일상, 조국통일상, 청년영예상 등이 있다. 수훈은 김일성훈장, 김정일훈장, 공화국영웅 칭호, 노력영웅 칭호, 국기훈장 제1급, 국기훈장 제2급, 노력훈장, 국기훈장 제3급, 공로메달, 친선메달 등이 있다.

이러한 표창과 수훈 사업은 공로자들을 사회적 귀감으로 내세우고 그들의 특출한 공로를 기리며 그들에게 자긍심을 북돋아주고 지속적 충성을 유인한다.

보훈과 관련하여 김일성은 다음과 같이 언급하였다. "혁명렬사 유가족과 전사자 가족, 전상자들은 우리 당의 핵심 세력으로 되어야 할 사람들입니다. 우리는 이들을 당 및 국가, 경제, 문화기관에서 중요한 임무를 수행할 수 있는 일군들로 육성하여야 합니다. 각급 인민위원회들에서는 … 이들을 간부 양성기관이나 대학에 보내어 정치실무적으로 준비된 일군으로 육성하여야 합니다."

정치적 보훈은 이 외에도 당에서 이들을 핵심 군중으로 장악하고 체계적으로 교육과 승진을 시키는 데서도 찾아 볼 수 있다. 김일성종합대학, 김일성고급당학교, 인민경제대학 등 일류급 대학들에 우선 추천하고 그들의 육성과 승진을 통해 정권의 각 분야에서 중요한 역할을 하도록 배려한다. 당 간부 부서(인사부서)에서는 이들을 항시적으로 등록하고 관리하면서 기회와 계기 때마다 승진 기회를 제공한다.

북한은 정치적 보훈을 위해 각이한 시스템을 가동한다. 일례로 '희생된' 남파공작원의 자녀는 유가족의 요구에 따라 초등학교 시절부터 새날혁명학원에 입학하여 기숙생활을 하면서 학교 과정을 마친다. 새날혁명학원에서 초등교육 과정을 마치면 남학생은 부모의 '공로'에 따라 만경대혁명학원에 진학하거나 새날혁명학원의 중등반으로 진학한다.

다음으로 만경대혁명학원에는 사회주의 체제 수호에 특별한 공로를 세우고 희생된 '혁명가'의 자녀들도 입학한다. 예로 비행사 길영조*의 아들 길훈은 세 살 때 아버지를 잃고 강반석혁명학

---

* 1993년 12월 강원도 원산시 갈마비행장에서 출격한 길영조는 비행 훈련 도중 고장난 비행기를 버리고 탈출할 수 있었음에도 불구하고 원산 시내의 김일성 동상 주변에 비행기가 추락할 것을 우려해 기수를 돌리다가 기체와 함께 자폭했다며 다음해 5월 그에게 '공화국영웅' 칭호를 수여하고 '수

원에 입학하였다.* 김정은은 2014년 4월 항공 및 반항공군 제188 군부대를 찾아 길훈 조종사의 비행 훈련 모습을 보며 "아버지가 섰던 초소에서 비행중대장이 됐다. 우리 혁명의 대는 이렇게 이어지고 있다"고 강조하였다.**

또한 만경대혁명학원에는 현직 당중앙위원회 부부장급 이상의 간부 자녀들이 입학한다. 북한 500만 청년을 대표하는 청년동맹 1비서였던 이용철(이화선 전 당조직지도부 부부장의 차남), 우리의 장관 격인 김경준 국토환경보호상(김시학 당조직지도부 부부장의 아들), 오세현 정찰총국 해외공작대표(오극렬 당중앙위원회위원의 차남), 계철룡 북한군 4군단 소속 여단 조직부장(계응태 전 당중앙위원회 행정사업담당 비서의 차남), 김성 북한 외무성 경제국 부

령결사옹위의 귀감'으로 내세웠다. 〈연합뉴스〉, 1999.08.20. https://news.naver.com/main//read.nhn?mode=LSD&mid=sec&sid1=100& oid (검색일, 2018.8.24.)

* 〈연합뉴스〉, 1999.04.22. https://news.naver.com/main/read.nhn?mode=LSD&mid (검색일, 2018.8.24.)

** 2014년 4월 20일 김정은은 모란봉악단의 비행사대회 경축공연 관람에 앞서 길영조의 아내 리은경의 손을 꼭 잡고 격려했고 공연이 끝나고 나서 김정은의 부인 리설주는 리 씨와 포옹하기도 했다. 〈연합뉴스〉, 2014.4. https://news.naver.com/main/read.nhn?mode=LSD&mid=sec&sid1=100&oid=001&aid=0006874771, (검색일. 2018.8.19).

국장(김용순 전 당중앙위원회 대남사업담당 비서의 아들), 리용철 국가안전보위성 해외반탐국 부국장(이제강 전 당조직지도부 제1부부장의 차남) 등 많은 간부 자녀들이 아버지의 간부 현역 시절 만경대혁명학원에 입학하여 사회주의 체제 수호의 전위(前衛), 사회주의 건설의 핵심 세력으로 양성되었다.

강반석혁명학원, 해주혁명학원 등에 입학하는 '사회주의 애국자 희생자' 유자녀들은 사회주의 건설 과정의 '순직자' 등의 자녀들이다. 전쟁이 끝난 지 65년 이상이 지나면서 전사자·'피살자' 자녀들의 입학 원천이 고갈되자 사회주의 건설을 위하여 '헌신적으로' 일하다 목숨을 잃은 사람들의 자녀 위주로 학생 구성이 변화하고 있다.

또한 외교관을 비롯하여 외국에 장기 파견되는 해외주재원의 자녀들도 유자녀학원의 입학 선발 대상이다. 김일성은 1974년 해외에 나가 일하는 장기 외국 출장 간부의 자녀들을 새날혁명학원에 입학시켜 교육하도록 지시하였다.* 북한은 외교관들의 재외대사관 파견 시 보통 자녀 한 명만 동반출국 가능하므로 평

---

* 『조선대백과사전』제15권, 평양: 백과사전출판사, 2000, 550쪽.

양에 남긴 자녀를 학원에 입학시키곤 하지만 학원 시설이 열악하여 포기하고 조부나 친척에게 맡기는 경우도 있다. 이처럼 북한은 학원 입학 선발에서부터 조건과 규정을 명시하고 유자녀들을 당이 직접 맡아 키우는 '혁명적 의리'를 발휘함으로써 주민들의 충성심을 유도하고, 핵심 간부 대열의 '순결성'을 고수하며, '주체혁명 위업'의 성과적 완성을 위한 간부들을 전망성 있게 육성하고자 한다.

물질적 보훈도 다양하다. 물질적 보훈은 주택 공급, 상품 공급, 승용차 제공, 병 치료, 상급학교 추천 등으로 구성된다. 가장 대표적인 것이 항일무장투쟁 참가자와 그 가족들에게 제공하는 물질적 보훈이다. 북한은 노동당에서 직접 이들을 장악하고 관리한다. 이들을 '항일무장투쟁 참가자'로 등록하고 본인과 그 가족들에게 여러 가지 물질적 보훈을 제공한다.

항일무장투쟁 참가자 본인과 그 가족들에게 정부 병원인 평양 남산병원에서 평생 무료로 치료받을 수 있는 편의를 제공한다. 다음 내각 직속 10호 상점에서 식품과 생필품을 공급한다. 내각에서 항일무장투쟁 참가자 본인은 1인 1대, 가족은 2세대당 1대의 승용차를 공동으로 이용하도록 제공한다. 손자·손녀들을 김일성종합대학을 비롯한 상급학교에 우선 추천하며 대학 입학시험을 칠 때 3점의 가산점을 준다. 또한 인민위원회 주택 배정처에서는 항일무장투쟁 참가자와 그 가족들에게는 주택을 우선 배정해 준다. 주택은 물론 무상공급이다.

5. 보훈과 선물

북한은 주요 명절과 본인의 생일을 맞은 공로 있는 자들에게 선물도 보내 준다. 공로 있는 노력혁신자, 기술자, 과학자, 체육인, 예술인과 항일빨치산 참가자, 한국전쟁 참가자, 사회주의 건설 시기 공로자, 군인들이 수여 대상이다.

선물로는 식품, 생필품, 의류와 가전제품, 지어 승용차와 주택까지도 있으며 경우에 따라 생일상도 차려 준다. 선물로 제공되는 식품은 캔디, 과자, 과일, 술, 햄 등이며 국산품은 물론이고 때로 수입식품도 있다. 생필품으로는 손목시계가 많다. 의류로는 속옷류와 양복이 대부분이다. 가전제품 선물은 TV와 녹화기, 녹음기 등이며 피아노도 있다.

국제무대에서 우승한 체육인들과 영화배우 등에게 승용차도 선물하였다. 대표적 사례가 정성옥 선수인데, 그는 북한이 가장 어려운 시기였던 1999년 8월 29일 스페인의 세비야에서 열린 제7차 세계육상선수권대회 여자마라톤에서 우승하였으며, 북한은 그에게 벤츠 승용차와 주택을 선물하였다.

북한은 다부작 예술영화 〈민족과 운명〉 등 주요 영화에서 사상 예술성과 역 형상(연기)으로 특출한 공을 세운 배우에게도 승용차와 주택을 선물하였다. 또한 공장, 기업소의 노력혁신자, 우수한 교수, 과학자, 기술자들에게 주요 명절을 맞으면서 식품을 선물한다. 식품 선물은 항일빨치산 참가자, 한국전쟁 참가자, 사회주의 건설 시기 공로자, 군인들에게도 한다.

김정일 시기 평양의 주요 요지들에 고급 주택을 건설하고 지난 시기부터 당국에 충성해 온 오랜 간부와 그 가족들, 항일빨치산 참가자와 그 가족들에게 선물한다. 북한에서 주택이 선물로 활용된 것은 오래되었으며 김정은 시기에도 과학자 거리, 여명 거리 등 많은 주택을 건설하고 교수, 과학자, 공로자들에게 주택을 선물하였다.

6. 보훈기관

북한의 보훈기관에는 여러 기관들이 있다. 먼저 보훈대상을 선정하는 기관으로 당역사연구소*가 있다. 당역사연구소는 항일무장투쟁 참가자, 당의 기초축성 시기 일꾼** 등으로 보훈대상을 분류하고 그들에게 보훈을 제공하도록 한다. 당역사연구소는 기존 항일무장투쟁 참가자 외에 2009년부터 김정일과 함께 활동하면서 당의 강화·발전에 특출한 공로를 세운 사람들을 당의 기초축성 시기 일꾼으로 분류하고 그 본인과 가족들에게 항일무장투쟁 참가자와 가족들에게 제공하는 것과 똑같은 보훈을 제공한다.

또한 최고인민회의 상임위원회도 각종 상장과 훈장, 명예칭호 등을 수여하고 그에 걸맞는 보훈을 제공한다. 상임위원회 상

---

* 노동당 역사연구소는 최고지도자와 당의 역사를 발굴하고 수록할 뿐 아니라 최고지도자와 당에 충성한 자와 그 가족들을 등록하고 관리하며 보훈대상으로 지정해 준다.
** 북한 당역사연구소는 2009년 '당의 기초축성 시기 일꾼'과 그 가족들을 항일빨치산 참가자와 똑같은 대상으로 지정하고 그들에게 항일빨치산 참가자와 그 가족들에게 제공하는 보훈을 제공하도록 규정하였다.

훈부가 이러한 업무를 수행한다. 최고인민회의 상임위원회는 상장, 훈장, 명예칭호 후보자들을 선정하고 필요한 요해를 마치면 노동당 간부부에 후보자 명단과 관련 서류를 보내 검토와 인가를 받는다.

노동당 간부부는 제출 받은 서류를 검토하고 후보자 공로의 진위 여부와 공로가 당 정책적 요구와 방향에 부합하는지 등을 검토한 후 절차를 거쳐 비준한다. 최고인민회의 상임위원회 상훈부*는 노동당 간부부의 비준에 근거하여 후보자들에게 관련 상장, 훈장, 명예칭호를 수여하며 매 상장, 훈장, 명예칭호는 해당한 보훈이 뒤따른다. 일례로 인민배우는 평양남산병원 치료 대상이 되며, 3호 공급소에서 식품과 생필품을 구입할 수 있는 혜택이 차례진다. 또한 거주 지역 인민위원회 주택 배정처에서는 우선적으로 인민배우에게 주택을 배정해 주어야 하는 의무를 지게 되며, 인민배우는 주택 배정처에 주택을 요구할 수 있다.

노동당 중앙위원회 조직지도부 간부과와 각급 도·시·군당위

---

* 최고인민회의 상임위원회 상훈부는 노동당의 보훈정책에 따라 보훈대상들을 등록하고 상장, 훈장, 표창장, 명예칭호 등을 수여하는 최고인민회의 상임위원회 내 기본 부서 중 하나이다.

원회 조직부 간부과에서는 항일무장투쟁 참가자와 그 가족들, 당의 기초축성 시기 일꾼과 그 가족들, 기타 공로자를 따로 관리 하면서 대학 우선 추천, 간부 승진을 시킨다. 대남요원과 그 가족들도 당조직부 11과에서 장악하고 11과 대상으로 분류하여 관리하면서 그에 맞는 보훈을 제공한다. 당조직지도부 10과는 '항일투사(항일빨치산)'와 그의 가족 그리고 김정일 시대에 '공로 있는' 고위 간부(은퇴 혹은 사망)와 그의 가족들의 일상생활을 정상적으로 돌보아 주는 전문 부서이다. 당조직지도부 11과는 '대남공작'을 하는 공작원들과 '대남공작' 과정에 희생된 이들의 가족을 보살피는 부서이다.

7. 보훈 절차

보훈 절차에서 가장 먼저 하는 것은 보훈대상 선정 사업이다. 보훈대상 선정을 위해서는 고증, 즉 확인 사업이 첫째이다. 한마디로 공로 여부를 확인하는 것이다. 일례로 항일무장투쟁 참가자를 보훈대상으로 선정하고 등록하려면 먼저 대상 후보가 항일무장투쟁에 참가한 사실을 확인해 주는 보증인들이 있어야 한다. 보증인은 대체로 보훈대상 후보자와 함께 항일무장투쟁에 참가한 자, 같은 고향에서 생활한 자 등이다. 이들의 확인이 있어야 하며 그것도 하나의 후보자에 대해 두 명 이상의 확인자가 있어야 한다. 확인은 교차 확인을 기본으로 한다.

항일무장투쟁 참가자 후보자에 대한 확인이 끝나면 그를 당역 사연구소에서 항일무장투쟁 참가자로 등록한다. 등록과 함께 항일무장투쟁 참가자 확인증서를 본인과 그 가족들에게 수여한다. 확인증서 수여 후 평양남산병원, 10호 상점(공급서)에 보훈대상을 통지하며 당조직지도부 간부과에도 통지한다. 이러한 내용에 대해 보훈대상에게 알려 주면서 수속할 것을 권고한다. 수속은 평양남산병원, 10호 상점 등에 당연사연구소가 발급해 준 '확인서'를 가지고 가서 본인 또는 가족이 직접 가지고 가서 서류를 접수시키고 해당한 남산병원 치료증과 10호 상점 공급 카드를 발급받는다. 발급 이후 남산병원 치료증과 10호 상점 공급 카드를 가지고 사용한다.

당조직지도부 간부과에서는 보훈대상인 항일무장투쟁 참가자 본인과 그 가족들을 등록하고 계기 때마다 상급학교 추천, 승진 추천을 한다. 항일무장투쟁 참가자의 어린 손자, 손녀들이 상급학교인 김일성종합대학 등에 시험 칠 때에는 김일성종합대학

학생간부부에서 수험자에게 3점까지 가산점을 주도록 조치한다. 다른 보훈대상들에 대한 보훈 절차도 이와 유사하다. 다만, 보훈의 질과 수준에서 차이가 있다. 당조직부 간부과와 간부부에서는 공로에 따라 항일무장투쟁 참가자와 그 가족들, 당의 기초축성 시기 일꾼들과 그 가족들, 공화국영웅, 노력영웅, 인민배우, 인민교원, 인민과학자, 인민체육인, 11과 대상 등을 체계적으로 등록하고 관리하면서 그들에게 해당한 보훈을 제공하도록 한다.

오늘날 북한은 유자녀학원 신입생 선발에서 10과, 11과 대상자와 현직 고위 간부 자제 등을 대상으로 하는 원칙을 철저히 지킴으로써 혁명의 핏줄기를 이어나가려 하고 있다. 북한에서는 "김정일 시대에 '공로 있는' 고위 간부"를 '당의 기초축성 시기(1970년대) 일군'*이라고 부르며 당중앙위원회 조직지도부 10과

---

* 김정일은 1970년대 당의 기초축성 시기 일꾼들의 기본 특질을 "자기 영도자에 대한 절대적인 충실성, 당의 방침을 제때에 끝까지 관철하는 불같은 열정과 높은 사업 의욕, 견결한 당적 원칙성과 비타협적인 투쟁정신"으로 꼽으면서 이들이 있어 1970년대에 '노동당의 전성기'가 펼쳐졌다고, 앞으로도 영원히 잊을 수 없다고 하였다. 김정일, 「주체혁명의 새 시대, 선군시대의 우리 일군들은 당의 기초축성 시기 일군들처럼 살며 투쟁하여야 한다. 당, 국가책임일군들과 한 담화, 2005년 1월 9일」, 『김정일선집(증보판)』제22권, 평양: 조선로동당출판사, 2013, 219쪽.

에서 본인과 그의 가족을 돌본다. '당의 기초축성 시기 일군'으로 선정되어 10과 대상으로 등록되는 공정은 우선 당조직지도부 간부과와 간부 등록과에서 김정일의 '당 기초축성 시기'에 장악된 간부들의 활동 자료를 당역사연구소에 제출한다. 당역사연구소에서는 해당 자료를 검토·등록한 다음 본인과 가족들에게 10과 대상자임을 확인하는 증서를 수여한다. 북한에서 '당의 기초축성 시기 일군'으로 지정된 일꾼들은 심창환(전 사회안전성 정치국장), 리관필(전 중앙당 본부당 책임비서), 서윤석(전 평양시당 책임비서), 권민준(전 중앙당국제부 부부장), 김치구(전 당조직지도부 부부장), 리화선(전 당조직지도부 부부장), 리화영(전 당조직지도부 부부장), 허담(전 최고인민회의 외교위원회 위원장), 연형묵(전 국방위원회 부위원장), 렴기순(전 당조직지도부 부부장), 리명제(전 당서기실 실장), 리재일(전 당선전선동부 제1부부장), 현준국(전 중앙당국제부 부장), 김용순(전 당중앙위원회 대남담당비서) 등 수십여 명에 달한다.

북한은 '11과 대상'을 "조국의 통일 독립과 혁명의 전국적 승리를 위한 투쟁에서 목숨을 바치는 혁명가"로 칭하며 그 유가족의 생활을 돌보기 위해 당중앙위원회뿐만 아니라 각 도·시의 당위원회에 '11과'를 설치하였다. '11과 대상'의 가족에게는 매년 설명절 등에 수령과 지도자의 선물이 하사되며 특별 공급소에서 식품 등을 공급받는다. 대학 입학 시기의 11과 대상의 자녀는 해당 거주지 소속의 도·시 당위원회 '11과'에 시험 보려는 대학 명과 수험번호를 등록한다.* 도·시·군 당위원회 '11과'는 해당 대학의 당위원회에 명단을 제출하며 '대남공작원'의 손자까지 시험에서 가산점을 주도록 한다. 결국 10과·11과 대상자 본인 기준으로 손자·손녀까지 혁명학원에 입학할 수 있다.

북한은 혁명가의 자녀들이라고 하여 저절로 혁명가가 되는 것은 아니라며 유자녀들을 혁명가로 키우는 학원의 사명에 맞게 학원의 교육 교양에서 혁명사상 교양, 충실성 교양, 계급 교양, 혁명 전통 교양, 사회주의적 애국주의 교양 등의 정치사상 교양을 기본으로 삼았다. 사회주의 건설 과정에서 희생된 혁명가의 자녀들은 만경대혁명학원을 비롯한 북한의 유자녀학원에서 어려서부터 '주체의 혈통'을 이어나갈 핵심 골간으로 체계적으로 육성된다.

북한은 유자녀들을 혁명학원의 교육을 통해서 뿐 아니라 졸업 후에도 체계적이고 전망적으로 당과 수령에 충실한 후비간부로

---

* 북한은 최종 대학 입학 시험을 해당 대학에서 직접 치른다.

양성해 내고 있다. 유자녀혁명학원을 졸업한 학생들은 군에 입대하거나 김일성종합대학에 입학하는 방식으로 사회에 진출한다. 이들 중 군대에서 4~5년 동안 병사 생활을 마치거나 대학을 졸업한 이들은 해당 당조직의 꾸준한 관심을 받으며 군관학교를 거쳐 김일성군사종합대학을 비롯한 각급 군 간부 양성기관에 선발되어 북한 무력의 핵심 골간, 군사 간부로 성장한다. 김책공업종합대학 등을 졸업한 학생들의 경우도 유사하다.

유자녀들이 사회에 진출하면 중앙당 조직지도부 10과, 11과를 비롯한 각 도·시 당위원회의 '유자녀과'에서는 이들을 장악하고 정상적으로 교양한다. 김일성은 "용광로에서 나온 쇠를 늘 닦고 페인트칠을 하면 녹이 슬지 않고 좋은 쇠로 남아 있는 것처럼 당조직들에서 유자녀들을 장악하고 체계적으로 교양한다면 그들이 다 훌륭한 일군으로 자라게 될 것입니다."*라고 함으로써 각급 당조직들이 '유자녀 관리'를 엄격히 하도록 하였다. 유자녀들이 소속된 해당 당조직은 이들이 맡은 혁명과업 수행 정

---

* 김일성, 「혁명가 유자녀들을 직업적 혁명가로 키우자, 해주, 남포혁명학원 교직원, 학생들 앞에서 한 연설 1968년 9월 5일」, 『김일성전집』 제41권, 평양: 조선로동당출판사, 2002, 399쪽.

형과 생활 정형을 수시로 살피며 애로가 제기되는 것들을 해결해 주고 간부후비로 전망성 있게 키워 나간다. 4~5년 동안 일하면서 유자녀들의 정치사상 준비 정도, 대중 동원 능력 등 간부로서의 충실성과 자질이 검증되면 당조직은 이들을 각급 간부 양성기관으로 추천하여 전문적인 간부 육성 교육을 받도록 하며, 유자녀들은 이후 다시 더 핵심적인 간부로 승진한다. 체제 형성기부터 체제 강화의 전 기간에 걸쳐 후비간부의 원종장인 유자녀혁명학원을 통해 당과 수령에 충실한 직업적 혁명가, 혁명의 알찬 핵심 세력들을 체계적으로 육성해 내는 북한 간부 양성 체계가 주목된다.

2013년 3월 만경대혁명학원 원아들의 새 외투 견본을 보고 외투 깃에 털을 달아 주라고 각별히 지시하는 김정은의 모습* 등은 김정은 시대에도 역시 김일성·김정일에게 무한히 충직하였던 혁명가들의 유자녀들과 함께 어깨 겯고 이들을 혁명의 골간으로 하여 '혁명'을 수행해 갈 것이라는 북한 당국의 확실한 결심의 반영이기도 하다.

---

* 〈노동신문〉, 2017.11.5. 2면.

8. 보훈을 위한 물질적 시스템

상장, 훈장 등을 생산하는 공장으로서 최고인민회의 상임위원회 산하에 '12월 4일 공장(훈장공장)'이 있다. 구체적으로는 최고인민회의 상임위원회 상훈부가 이 공장을 관리·감독한다. 공장은 상훈부와의 토의 하에 상장과 훈장 생산 계획을 수립한다. 공장은 세 개의 직장으로 구성되었다. 1직장은 훈장 생산을 하고, 2직장은 수예품 생산 직장으로 각종 명예 깃발들을 생산하며, 3직장은 증서 생산 직장으로 각종 상장들을 생산한다. 공장은 평양시 사동구역 탑제동에 자리하고 있다.

의료 보훈을 위한 시스템으로 평양남산병원과 평양시의 큰 병원 내 진료과들이 있다. 항일무장투쟁 참가자와 그 가족들, 당의 기초축성 시기 일꾼과 그 가족들, 인민배우, 인민예술가, 인민과학자, 인민체육인 등은 남산병원에서 치료받을 수 있다. 기타는 평양시 큰 병원 내 진료과들에서 진료받는다. 11과 대상인 대남 요원과 그 가족들은 급수에 따라 평양남산병원과 큰 병원 내 진료과에서 진료받는다.

항일무장투쟁 참가자와 그 가족들, 당의 기초축성 시기 일꾼과 그 가족들은 내각 산하 10호 공급소(상점)에서 식품과 생필품을 공급받는다. 나머지 대상들은 3호, 8호, 11호 공급소에서 공급받는다.

항일무장투쟁 참가자와 당의 기초축성 시기 일꾼의 손자·손녀들은 상급학교에 우선적으로 추천받으며, 시험에서 3점의 추가 점수를 부여받는다. 11과 대상 자녀와 기타 공로자의 자녀도 상급학교 추천 시 우선추천대상으로 된다.

항일무장투쟁 참가자들과 당의 기초축성 시기 일꾼들은 본인은 1명 1대, 가족들은 2세대 당 1대의 승용차를 내각사무국 운수과에서 제공해 준다.

박사·교수들에게도 2인당 1대의 승용차를 제공한다. 이들의 승용차는 대학 후방부 소속 운수과에서 제공한다. 인민체육인의 경우 개인용 승용차를 "선물"로 수여하며 주택도 우선 배정해 준다. 지방에 살던 가족들도 모두 평양으로 올라오도록 조치하였다. 북한에서 지방 주민은 당국의 허가 없이 평양으로 올라와 거주할 수 없다. 북한에서 국제경기와 세계선수권대회 1위를 쟁취한 선수에게 승용차와 주택을 선물하는 것은 "관례"가 되었다. 북한이 이들을 우대하는 것은 "국제무대에서 공화국의 영예를 떨쳤다."는 정치적 평가에 따른 것이다.

항일무장투쟁 참가자, 당의 기초축성 시기 일꾼, 영웅(공화국영웅, 노력영웅), 11과 대상, 인민배우, 인민과학자, 인민체육인 등 공로자에게 주택을 우선 배정한다. 특히 항일무장투쟁 참가자, 당의 기초축성 시기 일꾼의 가족들과 영웅, 11과 대상, 인민배우, 인민과학자, 인민체육인의 가족들에게도 주택을 우선 제공한다.

북한의 보훈

: 정치적 보상

현 인 애_ 이화여자대학교 북한학과 초빙교수

북한 보훈제도의 핵심은 정치적 보상 제도로, 이는 당과 국가를 위해 공을 세운 사람과 자녀들의 성분을 상승시켜 주고 간부로 등용시키는 제도이다. 유공자와 그 자녀의 간부 등용은 정치적 지위 상승과 함께 간부 등급에 따르는 물질적 혜택을 누리도록 하는 간접적 효과까지 발생시킴으로써 그들을 체제 유지의 골간으로 활용하는 데 중요한 역할을 했다. 최근 북한의 시장화는 이러한 정치적 보상 제도의 기능을 약화시키고 있다. 북한 당국은 경제적 어려움으로 인해 정치적 보상을 물질적 보상으로 대체하기 어려운 조건으로, 정치적 보상 제도를 유지하면서 선전선동을 통한 정신적 보상을 더욱 강화하게 될 것으로 보인다.

1. 북한의 보훈법과 보훈처

보훈제도는 국가가 공훈을 세웠거나 희생된 국가유공자와 그 유족에게 제공하는 일련의 보상 제도이다. 보훈제도는 국가 정체성을 확립하고 주민들의 국가에 대한 충성심을 이끌어내는 중요한 기능을 수행한다.

일반적으로 국가는 보훈을 위해 법을 만들고 그에 기초하여 보상을 한다. 그리고 보훈 관련 업무를 담당하는 국가기구를 설치한다. 남한에는 「국가보훈기본법」과 「독립유공자 예우에 관한 법률」, 「국가유공자 등 예우 및 지원에 관한 법률」, 「참전유공자 예우 및 단체설립에 관한 법률」을 비롯한 보훈에 관한 여러 법이 제정되어 있다.* 또한, 국가유공자 및 그 유족에 대한 보훈,

---

* '5·18 민주유공자예우에 관한 법률', '고엽제후유의증 등 환자지원 및 단체

제대군인의 보상·보호 및 보훈선양에 관한 사무를 관장하는 국가기관인 국가보훈처가 있다.

그런데 북한에는 연관된 법에 특수 조항으로 첨부하고 있을 뿐 별도의 보훈법이 없다. 북한 사회주의헌법 (1972년 제정, 2016년 수정 보충)은 "제76조. 혁명투사, 혁명렬사 가족, 인민군 후방가족, 영예군인은 국가와 사회의 특별한 보호를 받는다."고 규정하고 있다. 1990년대 이후 북한이 법을 대대적으로 제정하면서 만든 사회보장법(2007년 제정, 2012년 수정 보충)에는 "4조. 국가는 조국과 인민을 위하여 공로를 세운 혁명투사, 혁명렬사 가족, 애국렬사 가족, 사회주의 애국희생자 가족, 영웅, 전쟁로병, 영예군인들을 사회적으로 우대하도록 한다."로, 연로자보호법(2007년 제정, 2012년 수정 보충)은 "제5조. (공로 있는 년로자의 특별보호원칙) 국가는 혁명투사와 혁명투쟁공로자, 영웅, 전쟁로병, 영예군인 공로자 같은 조국 수호와 사회주의 건설에서 공로를 세운 년

설립에 관한 법률', '특수임무유공자 예우 및 단체설립에 관한 법률', '보훈보상대상자 지원에 관한 법률', '제대군인지원에 관한 법률', '독도의용수비대 지원법', '국립묘지의 설치 및 운영에 관한 법률', '국가유공자 등 단체설립에 관한 법률', '대한민국재향군인회법', '독립기념관법', '한국보훈복지의료공단법', '보훈기금법'.

로자를 사회적으로 특별히 우대하며 그들의 생활을 따뜻이 보살펴 주도록 한다."고 규정하고 있다. 그러나 이 법 조항들은 일반적인 원칙을 제시하고 있을 뿐이지 어떻게 우대하겠는지에 대한 방안을 제시한 것이 아니다.

북한에는 보훈을 담당하는 별도의 국가기구도 없다. 그러므로 지난 기간 보훈에 관한 연구들에서는 남북 보훈의 차이로, 남한은 보훈을 독립된 체계와 제도로 다루고 있으나 북한은 사회보장의 범주로 다루고 있으며, 남한은 업무를 통일적으로 관할하는 데 비해 북한은 관장 기구가 상이하다는 데서 찾았다.* 한편 북한의 보훈정책은 김일성·김정일 개인의 역사적 사건과 기념일, 기념식, 기념관, 기념비 등과 관련된 상징에 치우치는 형식적·의례적·과시적 성격을 보인다고 평가하고 북한 보훈의 상징적 성격에 대해 많이 강조했다.**

---

*   이성춘, 「한의 보훈정책 고찰과 통일대비 한국 보훈정책 발전방안」, 『융합보안논문지』 15권 2호, 2015년 3월, 75쪽; 김종성, 「남북한 보훈제도통합에 관한연구」, 경희대학교 박사논문, 1998; 강석승, 「남북한의 국가보훈에 대한 인식과 그 특성비교」, 『북한학보』 Vol.37 No.1, 북한학회, 2012.

**   윤황, 「북한보훈제도의 상징성에 관한 연구」, 『한국보훈논총』 1권 1호, 2003년 여름; 유영옥, 「남·북한 보훈정책의 상징성 비교」, 『大韓政治學會報』 Vol.13 No.1, 대한정치학회, 2005.

실제로 북한에서 사회주의 시스템이 붕괴한 오늘은 더 말할 것도 없고 지난 시기 사회주의 체제가 정상적으로 작동할 때에도 유공자들에 대한 직접적·물질적 보상이 거의 없었다. 사회주의 체제는 국가가 모든 주민들의 직업을 보장하고 무상치료제, 무료교육제를 실시하는 등 주민들의 생활을 책임지고 보장한다. 그러다 보니 유공자나 그 가족들도 사회주의 복지제도 안에서 일반 주민과 조금 구별되는 물질적 보장을 받았다.

　그럼에도 불구하고 북한 주민들은 당과 수령에 대한 헌신 혹은 배신은 반드시 값을 치른다고 생각하고 있다. 남한에 온 탈북자 중에는 북한 정권에서 반국가적 행위로 핍박당한 사람이 있는가 하면, 북한에서 정부에 충성하던 사람도 있다. 그들은 남한으로 오면서 남한에 가면 북한에서 충성한 사람들은 처벌을, 북한에서 핍박받은 사람은 보상을 받을 것이라고 생각했다. 즉 자기들의 행위에 대한 대가가 반드시 있으리라고 생각했다. 그러나 남한 정부에서는 보상도 처벌도 없었다. 적지 않은 탈북자들은 실망감을 감추지 못했다.

2. 북한 보훈과 정치적 보상

일반적으로 보훈에는 물질적 보상과 정신적 보상이 있다. 금전적 지원인 각종 보상금 지급과 자립·자활을 위한 교육 보호, 취업 지원, 대부 지원, 의료 지원 등은 물질적 보상에 속하며, 국가유공자 예우와 공훈 선양, 호국 관련 기념물 건립 등은 정신적 보상에 속한다. 보훈에서 정신적 보상은 상징적 보훈이라고도 한다. 상징적 보훈은 특정의 사건, 현상, 행위, 언어 또는 추상적 개념 등을 이용해 보훈대상자 집단에 유형적·물질적·직접적 혜택보다는 무형적·정신적·간접적 혜택을 제공함으로써 심리적 만족감을 제공하는 것이다.

북한에도 다른 국가와 마찬가지로 정도의 차이가 있을 뿐 보훈대상자에 대한 물질적 보상과 정신적 보상이 있다. 그러나 북한은 다른 국가와 구별되는 별도의 보상 체계가 있다.

김치호는 1930년대 동북항일연군에서 싸우다가 1940년에 소련으로 넘어가 하바롭스크의 88연대에 소속되어 정치 군사 훈련을 받았다. 그는 훈련 도중 정찰 임무를 받고 만주에 파견되었다가 적의 습격으로 부대와 헤어졌고 경찰에 체포되었다. 그는 경찰이 방심하고 있는 기회에 탈출에 성공했다. 그는 돌아가는 길을 찾지 못해 헤매다가 소련 국경경비대에 체포되었다. 소련 사람들은 구체적인 사연도 알아보지 않고 그를 일본의 간첩으로 몰아 감옥에 넣었다.

그는 스탈린 사망 후 니키타 흐루쇼프(Nikita Khrushchyov, 1894~1971)가 집권하면서 죄수들에 대한 재심사를 하는 과정에 무죄로 판명되어 10여 년의 감방 생활을 끝낼 수 있었고 1956년경에 북한으로 나왔다. 그러나 북한에서도 그를 알아주지 않았다. 그는 가장 일이 힘들고 생활 조건이 열악한 검덕광산 노동자로 배치되었다.

1961년 김일성이 현지지도차 검덕광산을 찾았다. 그때 그는 김일성과 함께 왔던 자기의 전우 오백룡을 만났다. 사망한 줄로만 알고 있던 전우를 만난 오백룡은 김일성에게 이 사실을 보고했고 그는 김일성에게 안내되었다. 그를 반갑게 맞이하고 회포를 나눈 김일성은 그를 공군사령부 부사령관으로 임명했다. 일개 노동자에서 단번에 공군 장성으로 승급한 것이다.*

1980년 북한에서는 김일성의 청년 시절의 혁명 활동을 주제로

---

* 북한 기자 출신 탈북민이 북한에서 직접 취재한 자료를 구술해 주었음.

한 조선예술영화 〈조선의 별〉이 창작되었다. 영화의 주인공은 김혁, 차광수였다. 김일성이 무명이던 시절 김혁, 차광수가 같이 혁명하면서 김일성을 '한별동지'로, 혁명의 수령으로 높이 받들어 모셨다는 것이 영화의 기본 주제였다.

영화가 나온 얼마 뒤 〈노동신문〉에서는 차광수의 딸에 대한 기사가 났다. 차광수의 딸인 차영아는 유복녀였다. 차광수는 이를 모르고 전사했다. 김일성이 차광수를 잊지 못해 그의 부인을 찾으려고 수소문하던 끝에 딸을 찾게 되었다고 한다. 그는 어머니까지 잃었고 자기 아버지에 대해서도 잘 몰랐다. 그러다 보니 일반 주민으로서 시골에서 평범하게 살았다.

김일성은 그를 김일성고급당학교에 보내 주었다. 나이 마흔이 넘어 공부를 하려고 하니 따라갈 수 없어서 그는 포기하려는 생각도 여러 번 했다. 그러나 대학에서는 김일성의 특별한 관심 속에 있는 그를 퇴학시킬 수는 없었을 것이다. 대학에서는 그를 위해 개별 지도를 하는 등의 적극적 지원을 아끼지 않았다. 그는 드디어 대학 과정을 마쳤고 중요 기관의 당 간부로 배치되었다.*

---

* 〈노동신문〉 1981.8.1. '오가자로부터 50여 년'.

남한에 입국한 최 씨는 아버지가 6·25 때 전사한 '국가유공자'의 둘째 아들이었다. 그는 국가의 조치로 평양외국어유자녀학원에 입학해 러시아어를 배웠고, 인민군에 입대, 정찰국 소속 항공육전여단에서 하사로 복무했다. 그 후 평양외국어대학 러시아어과에 편입해 학업을 마치고 인민무력부 대외사업국, 북한대사관 부무관, 인민무력부 대외사업부 부부장, 인민무력부 후방총국 산하 룡성무역회사 합영부장으로 빠르게 승진했다. 그는 비록 아버지를 잃었지만 아버지가 전사자였기 때문에 남들보다 빠른 속도로 승진할 수 있었다. 그러나 해외에 자주 드나들면서, 북한의 현실을 보며 회의를 느끼기 시작했다. 그러한 동향을 알게 된 북한군 보위부는 그를 체포하기 위해 중국으로 나왔다. 그는 체포 직전에 탈북에 성공했다.*

위 사례가 보여주는 바와 같이 북한은 공훈을 세운 사람들을 간부로 등용해서 보상해 주는 제도가 있다. 이 제도는 국가를 위해 공을 세운 사람과 그 가족들이 국가 사회적으로 중요한 지위를 차지하게 하는 제도이므로 정치적 보상 제도라고 할 수 있다.

---

* 〈통일신문〉 2001.3.5. 탈북자 인터뷰 http://m.unityinfo.co.kr/66

3. 간부와 보훈

북한에서 사람들의 사회적 지위에 가장 결정적 영향을 주는 것은 정치적 지위이다. 직업이 매우 다양하고 자기 분야에서 뛰어난 능력을 보이면 인정을 받고 사회적으로 존경을 받는 민주주의국가와 달리 북한은 직업이 단순하고 그 분야에서의 능력보다는 어느 직업군에 속했는가에 따라 사회적 처지가 크게 달라진다.

북한의 직업은 크게 간부와 노동자·농민으로 분류되며 간부는 당, 사법검찰, 행정 간부로 구분된다. 가장 지위가 높은 간부는 당 간부이며 다음 사법검찰, 행정 순이다. 남한에서 인정받는 전문직은 형식으로는 간부에 속하지만 가장 하급 간부에 속한다.

간부는 정치 사회적 지위가 높을 뿐 아니라 간부 급수에 따르는 물질적 대우를 받을 수 있다. 북한에서는 주택이 간부들에게 특별 공급된다. 내각 상·부상 주택은 평양 중심 지역인 창광산에 있다. 2층 주택으로 집 평수도 크고 방도 많다. 그뿐만 아니라 전기와 온수가 특별히 공급된다. 김정일 등장 후 당의 지위가 강화되면서 창광거리에 중앙당 간부들을 위한 고급 아파트를 많이 건설했다. 창광거리 중앙당 아파트는 최소 120평방미터 이상이고 최고급의 건설자재를 사용했다. 군 장령을 위한 아파트도 별도로 있다.

간부는 특별 의료 서비스를 받는다. 평양에는 최고위급 간부를 위한 봉화진료소와 고급 간부들을 위한 남산병원이 있고 군 장령병원이 있다. 도·시·군 병원에는 간부들을 치료하는 간부과가 별도로 있다. 간부들에 대한 의료 서비스의 질은 일반 주민들보다 당연히 높다.

간부 자녀들은 교육에서 특별대우를 받는다. 간부 자녀들을 위한 남산고급중학교가 있었고 현재는 평양1고등중학교에 통합되었다. 이 학교로 진학할 수 있는 대상은 내각 부상 이상 간부의 자녀들이다. 김일성의 자녀들은 모두 이 학교 출신이다. 남산고급중학교를 졸업하면 누구나 가고 싶은 대학으로 보내 주었다. 도·시·군에는 별도의 간부 자녀 학교가 없지만 상급학교 진급에서 간부 자녀가 특혜를 받는 것이 당연시된다.

북한에서는 간부들에 대한 부식물 특별 공급도 있다. 간부 등급에 따라 1일 공급, 3일 공급, 7일 공급 등으로 구분하고 일반 주민들은 구하기 어려운 부식물을 정상적으로 공급한다. 일반 간부들은 64호 공급소에서 특별 공급을 해 준다.

정치적 보상 제도는 정치적 지위 상승을 통해 사회적 존경을 획득하게 하고 심리적 만족감을 가지게 한다. 또한 이를 통해 간접적으로 물질적 보상을 받을 수 있게 한다.

간부 대열에 진입할 수 있는 근본 조건은 성분이다. 성분이 좋으면 당이나 사법검찰 부문 간부가 될 수 있지만 성분이 나쁘면 아예 간부가 되는 것을 포기해야 한다.

북한에서 정치적 보훈의 대상은 기본 군중에 속하는 사람들이다. 북한의 주장에 의하면 "기본 군중은 기본계급 출신으로서 혁명의 매 단계마다 수령을 위하여 몸 바쳐 싸워 왔으며 앞으로도 계속 충실하리라고 생각되는 사람들이다. 기본 군중에는 혁명가와 혁명가 가족 및 혁명가 유가족, 영예군인, 영예전상자, 접견자, 영웅, 공로자, 제대군인, 전사자 가족, 피살자 가족, 사회주의 애국희생자 가족과 당에 충실해 온 사람들을 비롯한 핵심 군중과 계급적 토대, 가정 주위 환경과 사회정치 생활이 건실하다고 보는 노동자, 농민, 병사, 지식인들이 속한다."*

북한의 주민 성분 가운데서 혁명가와 직업적 혁명가는 최고

---

* 『주민등록사업참고서』, 평양: 사회안전부출판사, 1993, 143쪽.

의 성분에 속한다. 혁명가와 직업적 혁명가는 김일성과 같이 빨치산에서 싸우다 희생된 사람들, 해방 후 남한에서 싸우다 희생된 사람들, 일본을 비롯한 해외에서 싸우다 희생된 사람들을 의미하며 김일성의 아버지인 김형직과 함께 싸운 사람도 혁명가에 속한다. 독립군에 참가했거나 물질적 방조를 준 사람은 제외한다. 지금도 살아서 중요 직책에서 일하는 사람은 직업적 혁명가라고 하며 이에 대한 규정은 당중앙위원회의 비준을 받게 되어 있다.

혁명가와 직업적 혁명가는 본인은 물론이고 자녀들도 무조건 대학에 보내 주고, 대학을 졸업한 후에도 당, 사법검찰, 행정 분야의 고위 간부로 진입할 수 있다.

영예군인, 영예전상자, 접견자, 영웅, 공로자도 출세에 유리한 성분에 속한다. 군복무 중에 부상을 입은 사람은 영예군인이며 전쟁 시기 사민으로서 군과 관련된 일을 하다가 부상당한 사람은 영예전상자이다. 접견자는 김일성과 김정일을 직접 만난 사람, 영웅은 특출한 공로를 세워 공화국영웅, 노력영웅 칭호를 받은 사람을 말한다. 공로자는 김일성·김정일·김정은에게 남보다 더 충실하게 복무해서 인정을 받은 사람이다. 이 성분 역시 본인은 물론 가족들도 출세에 유리한 조건이 된다.

다음으로 인정받는 성분은 전사자·피살자 가족이다. 전사자 가족은 인민군대나 남한 유격대에서 무장을 들고 싸우다 희생된 사람, 전쟁 시기 군사 임무를 도와주다 희생된 일반 주민들의 직계가족이며 피살자 가족은 적이나 반동에게 피살된 사람들의 직계가족을 말한다. 전사자·피살자 가족은 당과 국가가 특별히 돌봐 주어야 하는 사람들이다.

사회주의 애국희생자는 공장 기업소에서 일하던 중 재해로 사망한 사람, 공로자로 인정되다가 사망한 사람이며 이 성분을 가진 자녀도 출세에 유리하다.*

북한 주민의 성분은 출신성분과 사회성분에 의해 규정된다. 출신성분은 태어날 때 부모의 상황에 의해 결정되며, 사회성분은 입당할 때 자신의 상황에 따라 결정된다. 북한에서는 성분이 좋은 사람은 무조건 간부로 등용한다. 북한에서 김일성과 함께 빨치산투쟁에 참가한 사람들은 최상의 성분인 혁명가다. 이들은 모두 당과 국가의 주요 직위를 차지했다. 사실 그들은 대부분 해방 전 가장 어렵게 살던 사람들이었다. 김일성과 함께 최후까지

---

* 앞의『주민등록사업참고서』, 143-148쪽.

살아서 소련에 들어가 군사 정치 훈련을 받았던 102명의 유격대원 가운데 입대 전 중학교를 다닌 사람은 다섯 명이었다. 나머지 성원은 야영소에서 군사 정치 훈련을 받은 것이 교육의 전부였다. 그러다 보니 항일투사들은 학력 수준이 높지 못했다. 그러나 그들은 모두 당과 국가의 핵심 간부로 등용되었다.[*]

북한에서는 본인뿐 아니라 부모가 당과 국가에 충성하여 인정받으면 대대손손 그 덕을 보게 된다. 부모로 인하여 규정되는 출신성분은 교육에서 우선권을 부여한다. 초·중·고에서 학생들이 소년단, 혹은 청년동맹에 가입하거나 간부로 선출될 때 학교에서는 이들의 성분을 고려한다. 성분이 좋으면 공부에 관계없이 우선적으로 가입시키고 간부로 선거한다. 그리고 상급학교에 진학할 때에는 반드시 성분이 고려된다. 성분이 좋은 학생들은 공부를 잘하지 못해도 좋은 대학에 추천받지만 성분이 나쁘면 공부를 특별히 잘해야 대학에 갈 수 있다.

---

[*] 소련 극동군 88여단 1대대 소속 조선인 출신 대원 60명 중 48명이 군 장성 이상, 중요 기관장으로 등용되었다. 김충석, 「소련 극동군 제88여단의 조선인 공산주의자들」, 『역사연구』30, 2016.6, 40-41쪽.

4. 보훈의 꽃: 만경대혁명학원

특히 북한에서 성분이 좋은 사람들은 어렸을 때부터 별도의 교육과정을 거친다. 그들이 가는 학교는 혁명학원이다. 북한에서 현재 혁명가 유자녀를 교육하는 학교는 만경대혁명학원, 강반석혁명학원이다. 만경대혁명학원은 해방 직후 일본을 반대하여 싸우다 희생된 자녀들을 찾아서 공부시키는 유자녀학교로 개설되었다. 김일성은 만경대혁명학원의 설립과 운영에 관심을 돌렸을 뿐 아니라 전쟁 시기에는 전선에 나가 있던 그들을 다 소환해서 친위부대를 조직하여 데리고 다님으로써 그들을 보호했다. 또한 졸업생을 소련 등 동유럽 대학에 유학 보내 공부시켰고, 돌아온 다음에는 당과 국가의 주요 지위에 임명했다. 북한에서 고위급 간부의 상당수가 만경대혁명학원 출신이었다. 김일성이 만들어 놓은 이러한 체계는 지금까지도 유지되고 있다.

북한에서 부모가 당과 수령을 위해 일하다 사망했을 때 받게 되는 가장 큰 혜택은 자녀를 혁명학원에 보내 주는 것이다. 혁명학원을 졸업하면 대학에 보내 주고 대학을 졸업하면 무조건 간부가 된다.

원래 만경대혁명학원 학생들은 군사 간부로 키우고 해주혁명학
원과 남포혁명학원 학생들은 당정치 일군으로 키우게 되어 있
습니다. 해주혁명학원과 남포혁명학원 학생들에게 군사학을 배
위 주는 것은 혁명 사업을 하려면 정치와 경제에 대한 지식뿐 아
니라 군사 지식도 알아야 하기 때문입니다. 그런데 혁명학원 학
생들이 학원을 졸업하면 모두 인민군대에 갈 생각만 하고 있습
니다. 물론 유자녀들이 인민군대에 가면 군대의 골간도 많아지
고 인민군대를 강화하는 데도 좋습니다. 그렇다고 하여 유자녀
들이 다 군대에만 가려고 하여서는 안 됩니다. 유자녀들은 당정
치 일군으로도 되어야 합니다.*

   그러다 보니 북한에서 혁명가 유자녀는 특권 계급이 되었다.
2006년 11월 현재 당 간부의 출신성분은 혁명가 1.8%, 혁명학
원 10.8%, 전사자·피살자 37.7% 등으로 전쟁 피해자들이 50%
가량을 차지한다. 국가보위부 간부들도 혁명가 0.1%, 혁명학원
0.1%, 전사자·피살자 82.3% 등이며, 군부에는 혁명학원 1.2%,

---

* 김일성, 「혁명가 유자녀들을 직업적 혁명가로 키우자」, 『김일성저작집 』제
   22권, 395-396쪽.

전사자·피살자 25.8%, 인민보안성에는 혁명가 및 혁명학원 0.02%, 전사자·피살자 14.5% 등이다.*

대학을 졸업하고 배치를 받을 때는 더더욱 성분이 고려된다. 대학 때 실력은 그저 보통 수준을 유지하면 된다. 중요한 것은 성분이므로 성분만 좋으면 당, 사법 부문의 간부로 선발될 수 있다. 그러나 성분이 나쁘면 설사 공부를 잘했다 하더라도 배치에서 상당한 불이익을 받는다.

북한 주민들이 자신의 성분을 개조하기 위해서는 많은 노력을 기울여야 한다. 간부가 되려면 먼저 군에 입대해서 당원이 되거나 어렵고 힘든 노동 현장이나 돌격대에 나가 입당해야 한다. 북한에서 10여 년이나 되는 군복무 제도가 유지되는 것은 이러한 시스템에 기인하는 바가 크다.

북한에서는 표창이나 법적 처벌도 성분을 고려하기 때문에 충성심이 증명되면 계속 잘나가게 되고, 한번 과오를 범하면 나날이 사회적 지위가 하락하게 된다. 성분이 나빠서 영웅 칭호를 내신했다가 탈락하는 사람도 있으며 과오를 범했지만 성분이 좋아

---

* 조선로동당, 『조선로동당 간부사업편람』, 2006; 김병로, 「북한의 시장화와 계층구조의 변화」, 『현대북한연구』 16권 1호, 2013, 197-198쪽에서 재인용.

서 용서받는 사람도 있다.

북한의 보훈 체계는 북한 정권에 반한 사람과 그 가족에 대한 응분의 처벌을 동반한다. 북한의 성분에는 좋은 성분만 있는 것이 아니라 나쁜 성분도 있다. 일제 시기 농촌 십장, 부농, 지주, 십장, 기업가, 상인, 종교인, 일제 관리 등은 본인은 물론 자녀, 손자녀까지 불이익을 받는다. 그 외에도 인민군대 입대 기피자, 귀환 군인, 월남자 가족, 체포된 자의 가족 등*으로 구체적으로 분류해 놓고 상급학교 추천이나 입당, 간부 임명에서 제외시키도록 했다.

출신성분이 복잡한 가족의 곡절 많은 생활은 북한의 소설과 영화의 주제로 되고 있다. 지어 김일성의 교시에도 그러한 상황이 반영되고 있다. 전쟁 전에 남한 지역이었다가 전후에 북한에

---

* 복잡한 군중에 속하는 대상에는 인민군대 입대 기피자, 인민군대 대열 도주자, 귀환 군인, 귀환 사민, 반동단체 가담자, 일제 기관 복무자, 해방 전사, 건설대 제대자, 의거 입북자, 10지대 관련자, 금강학원 관계자, 정치범 교화 출소자, 종교인, 월남자 가족, 처단된 자의 가족, 체포된 자 가족, 정치범 교화자 가족, 포로가 되었다가 돌아오지 않은 자의 가족, 해외 도주자 가족, 지주 가족, 부농 가족, 예속자본가 가족, 친일파 가족, 친미파 가족, 악질 종교인 가족, 종파분자 가족, 종파연루자 가족, 간첩 가족, 농촌 십장 가족, 기업가 가족, 상인 가족이 속한다. 앞의 『주민등록사업참고서』, 149쪽.

소속된 지역을 북한에서는 신해방지구라고 부른다. 신해방지구 주민들 가운데는 전쟁 시기 남쪽으로 피신했다가 미처 돌아오지 못한 월남자 가족이 많았다. 가족이 갈라져 사는 것만도 힘든데 그들의 자식은 월남자 가족이라고 해서 많은 불이익을 받았다. 자녀들은 입당을 할 수 없으니 애초에 간부가 될 수 없었고 지어 군대에도 받아주지 않았다. 김일성은 신해방지구를 현지지도하면서 그들의 이러한 어려움을 요해하고 풀어주겠다고 약속했지만 북한의 성분 제도는 지금까지도 유지되고 있다.

5. 북한의 보훈처, 노동당

북한에는 남한과 같이 보훈을 전문으로 관리하는 기구가 없다. 북한에서 정치적 보훈 업무는 조선노동당과 사회안전성, 최고인민회의가 담당하고 있다.

보훈 업무의 핵심은 조선노동당이 맡고 있는데 보훈 업무에서 기본이 되는 표창과 간부 임면을 담당한다. 노동당에서 이 업무를 맡아 수행하는 부서는 조직부와 간부부이다. 조직부는 모든 간부들의 생활을 조사 장악하는 기본 부서로, 여기에 유자녀과를 두고 항일빨치산 후대 및 6·25 전쟁영웅 후대 등에 대한 특별 관리 및 지원을 하고 있다. 북한은 모든 사람들의 이력을 정치 조직에서 관리한다. 조직부는 당원, 특히 간부들의 당 생활 상황을 1년 단위로 평가하여 이력서에 철한다. 이러한 경력은 앞으로 출세를 위한 기초자료가 된다.*

〈그림1〉 조선노동당 중앙위원회 간부부

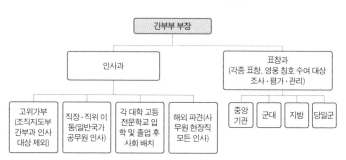

간부 임면은 조선노동당이 전권을 가지고 있다. 조선노동당에는 중앙으로부터 도·시·군 초급당에 간부과가 있으며 간부과에서는 당 간부는 물론 사법검찰, 행정, 기술 모든 부문의 간부 임

* 박영자, 「김정은 시대 조선노동당의 조직과 기능: 정권 안정화 전략을 중심으로」, 통일연구원, 156쪽.

면을 담당한다.

　조선노동당에는 간부 등급별 성분 기준이 규정되어 있으며 그에 기초하여 간부 사업을 한다. 북한에서 가족, 친척들이 모두 당과 수령에게 충성하면 괜찮지만 그중에 누구라도 그에 반하는 행동을 했다면 그 과오 정도에 따라 출세할 수 있는 급이 제한된다. 간부로 등용할 때에는 무엇보다도 주민등록문서를 열람하고 본인의 생활과 가족 친척의 생활을 요해한다. 거기에서 제기되는 것이 없어야 간부 등용 사업이 추진된다. 또한 가족 친척 가운데 엄중한 과오를 범한 사람이 발생하면 본인에게 결함이 없어도 해임한다.

　또한 간부부는 표창 사업도 관할한다. 각종 표창과 영웅 칭호 수여자 대상 조사와 평가 관리를 한다. 표창과 영웅 칭호도 성분을 고려하여 수여한다. 북한에서는 당이 표창 사업을 실질적으로 관할하지만, 실지 표창은 최고인민회의 명의로 수여한다.

　주민들의 성분과 관련한 업무는 사회안전성이 맡고 있다. 사회안전성에는 내무담당 부상 밑에 주민등록국이 있다. 사회안전성의 주민등록국에서는 시(군)보안서에서 보내온 신상 변동 사항을 종합하고, 연관된 부서와 하부의 시(군)보안서에 통보하며, 주민대장을 보관·관리한다. 그리고 주민 성분 분류, 인구 조사,

북한 전 주민의 주민대장을 보관·관리하는 업무를 수행한다.

도안전성에는 주민등록담당 부국장 밑에 주민등록처가 있다. 도안전성에서는 주민요해와 주민등록, 신원요해 업무를 진행하며 하부 단위의 주민등록 업무를 장악·지도한다. 시(군)안전부는 주민들에 대한 요해를 맡아 수행하는 일선기관으로 주민 조사와 등록 업무를 직접 맡아 수행한다.

주민등록 문서에는 학력과 경력, 사회정치 생활 경위, 정당 및 신앙 관계, 표창 및 책벌 관계 등 모든 것을 기록한다. 또한 주민등록부에는 본인뿐 아니라 부모·자식, 처가까지 다 기록되어 있다. 그리고 주민등록 부서는 주민등록에서 중요한 변화가 있으면 그에 대해 해당 당조직 간부과에 통보하는 업무도 맡고 있다.

탈북자 중에는 가족 구성원이 남한으로 탈북한 후과로 직위에서 해임되어 할 수 없이 남한으로 온 예가 적지 않다. 그러므로 중국에 나온 탈북자들은 남한으로 가는 것을 결심하기 어려워한다. 성분 제도 때문에 가까운 사람들의 앞길을 막는 것이 두렵기 때문이다.

6. 변하는 정치적 보상 제도

정치적 보훈의 강도는 시기에 따라 변해 왔다. 해방 직후부터 전후까지는 정치적 보훈보다 물질적 보장에 더 큰 비중을 두었다. 해방 후 북한이 보훈을 위해 취한 국가적 결정은 아래와 같다.

- 조선인민군대 전사 및 하사관들의 부양가족 원호에 관한 결정서 1949.5.9.
- 인민군대 원호가족에 대한 육류 수매량 감면에 관하여 1950.1.7.
- 조국해방전쟁에서 희생된 인민군 장성 및 빨치산들과 애국렬사들의 유자녀학원 설치에 관한 결정서 1951.1.13.
- 조국해방전쟁에서 불구자로 된 인민군 장병 및 빨치산들을 위한 영예군인학교 설치에 관하여 1951.4.13.
- 국가사회보장에 관한 규정 1951.8.30.
- 애국렬사 유자녀들과 전쟁고아들을 위한 초등학원을 평양시 및 각도 소재지에 설치할 데 대하여 1953.8.30.
- 조국해방전쟁기념메달 제정에 관하여 1953.8.13.
- 제대군인 및 영예전상자들의 취업알선과 취학조건을 보장할

데 관하여 1953.8.14.

─국가공로자에 대한 사회보장규정 승인에 대하여 1957.2.3.

─제대군인들의 생활안전의 제반대책을 수립할 데 대하여 1956. 6.10.*

1950년대 이후에는 보훈에 관한 결정으로 공개된 것이 없다. 1960년대에 들어서면서 북한이 공문서 공개를 점차 제한한 것과도 연관이 있겠지만 전쟁 피해가 가시고 1958년 사회주의 제도가 수립되면서부터 점차 보훈대상자에 대한 별도의 보장 제도의 필요성이 약화되었기 때문인 것으로 사료된다.

1960년대 이후 보훈에서 주목되는 것은 보훈의 기준이 변화한 것이다. 이전에는 보훈의 기준이 기본적으로 조국과 민족을 위한 공헌이었지만, 이후에는 수령을 위한 공헌으로 바뀌었다. 해방 후 만경대혁명학원에는 김일성과 함께 싸운 전우들의 자녀뿐아니라 독립운동 참가자의 자녀들도 있었다. 그러나 북한이 종파 숙청을 시작하면서 보훈의 기준이 달라지기 시작했다.

---

* 대륙연구소, 『북한법령집』 1~5, 1990.

북한이 전쟁 시기와 전후에 걸쳐 반종파투쟁을 하면서 항일투쟁 참가자, 남조선혁명 참가자, 전쟁 참가자들 중 많은 사람들이 종파로 몰려 숙청되었고, 그들의 자녀도 외면받았다. 이와 같은 기준은 나날이 강화되었고, 1967년 당중앙위원회 5기 15차 전원회의를 계기로 보훈의 기준은 수령결사옹위에 기여한 정도로 바뀌었다.

1967년 5기 15차 전원회의 토의에서 시금석이 된 것은 김일성의 초상화를 어떻게 대했는가 하는 것이었다. 당시 종파분자들이 수령의 권위를 헐뜯으려고 초상화를 내리라고 지시했을 때 반대하고 집행하지 않은 사람은 영웅이 되었고 지시를 그냥 집행한 사람은 반동이 되었다. 종파분자들을 반대하여 투쟁한 사람은 충성심이 높은 사람으로 출세했고 그렇지 못한 사람은 정도에 따라 숙청되거나 좌천되었다.

과거도 재평가되었다. 민족주의 계열에서 독립운동을 한 사람은 항일 업적이 인정되지 않았지만, 김일성의 아버지 김형직과 연고가 있다는 것이 밝혀진 사람은 항일 업적이 인정되어 간부로 등용되었다. 이와 동시에 전사자 가족들을 간부로 등용하는 캠페인이 벌어졌다.

김정일이 등장하면서 이와 같은 추세는 더욱 강화되었다. 김일성·김정일 접견자라는 새로운 성분도 등장했다. 김일성·김정일과 만나 이야기만 나누어도 성분이 좋아지고 출세를 할 수 있는 것이다. 1956년 김일성이 강선제강소로 나가는 길에서 만났던 한 할머니는 김일성의 추억으로 인해 충성의 산 모범으로 등장했다. 북한에서 이 할머니는 태성리에서 김일성을 만났다고 해서 태성리 할머니로 불린다. 김일성에게 힘을 주는 말을 잘해서 전민이 따라 배워야 할 모범이 되었다. 할머니가 김일성을 만났던 시기는 김일성이 매우 어려운 처지에 놓였을 때였다. 이때 할머니는 김일성에게 "장군님, 우리가 이기지 종파분자들이 이기겠습니까? 우리는 장군님을 지지합니다."라고 힘을 주었다고 했다. 김일성이 그에 대해 추억하자 태성 할머니를 주인공으로 하는 영화 〈이 세상 끝까지〉가 나왔고 전 인민이 그 영화에 대한 토론회를 벌이도록 했다. 태성 할머니의 전사한 아들을 대신하여 며느리가 관리위원장, 최고인민회의 대의원이 되었다.

주민들은 입당하고 평가받기 위해서 무엇이든 김일성과 관련되거나 김일성이 관심을 돌리는 일을 해야 한다는 것을 알았다. 김일성의 동상, 초상화, 구호나무 등 수령을 모시고 보위하는 사업에 사람들이 너도나도 참가했고, 피치 못할 순간에 초상화를 목숨으로 지킨 사람들은 영웅이 되었다. 1970년대 서해바다에서 태풍을 만나 배가 가라앉게 되자 초상화를 비닐에 정성껏 싸서 몸에 품고 몸에 무거운 연추를 매단 뒤 바다에 뛰어든 선장이 영웅으로 추앙받았다. 1990년대에는 인민군 병실에서 수류탄이 터지게 되자 몸으로 막은 병사가 초상화를 지킨 것으로 평가되어 영웅이 되었다. 구호나무(김일성과 그 대원들이 일제 때 국내에 들어와 껍질을 벗기고 항일 구호를 적은 나무라며 우상화 교육에 이용)를 산불로부터 지키기 위해 나무를 감싸 안고 불타 죽은 16명의 군인 등 영웅 칭호를 받은 사람들 가운데는 홍수나 화재로부터 김일성·김정일의 초상화를 구하다 죽은 사람들이 많은 비중을 차지한다. 영웅이 되면 본인은 물론 본인이 사망하는 경우 가족에게도 출세를 위한 길이 열리고, 출세하면 사회적 존경과 물질적 풍요를 동시에 가질 수 있었다.

1970년대를 전후하여 정치적 보훈은 북한의 주된 보훈 방법이 되었다. 북한은 1960년대 말 전 주민에 대한 주민등록을 완성했다. 그리고 1968년에는 수령을 위해 목숨 바쳐 싸웠다고 인정되는 혁명투사들과 전사자·피살자들에게 열사증을 수여했다. 정치적 보훈제도 수립을 위한 시스템이 완성된 것이다.

7. 시장화와 정치적 보상

정치적 보훈제도는 1980년대부터 약화되기 시작했다. 북한은 1980년대 영웅 메달이나 훈장을 받은 사람에게 은퇴 후 배급과 연로보장금을 높여 공급하겠다고 발표했다. 사람들이 받은 메달과 훈장의 급수와 개수가 일정 정도를 넘어서는 사람에 한해서는 최소 배급량을 1일 600g, 연로보장금은 최소 60원을 지급하도록 규정했다.

이는 공로자에 대한 물질적 보상이 없이 성분으로 인한 발전조건을 보장해 주는 방법으로 충성을 이끌어내던 지난 시기의 정치적 보훈이 1980년대에 들어와 점차 힘을 잃고 있다는 것을 의미했다. 그러나 이 방법은 실패했다. 사람들은 실질적으로 충성을 바쳐서 훈장이나 메달을 받는 것이 아니라 비법적 방법을 동원했다. 그리고 곧 고난의 행군이 시작되면서 국가의 약속은 지킬 수 없게 되었다.

1990년대 고난의 행군 이후 정치적 보훈제도는 약화되고 있다. 정치적 보훈제도의 핵심으로 되고 있는 간부 등용 제도가 성분보다 돈에 의해 결정되는 비율이 높아지고 있기 때문이다. 간부 임용을 위해 뇌물을 요구하는 것은 일상이 되었다.

북한 노동당 기관지 〈노동신문〉은 2020년 2월 29일 조선노동당 중앙위원회 정치국 확대회의가 진행됐다고 보도했다. 이 회의에서는 교육기관 관련 부정부패에 연루된 간부들을 처벌하는 결정이 이뤄졌다.

이 사건은 지난 12월 김일성고급당학교 2학년 재학생이 학교에서 부여한 개별 과제를 수행하기 위해 평소 연줄이 있는 당조직지도부의 간부를 찾아간 것이 발단이 되었는데 당조직지도부의 간부는 그 학생으로부터 김일성고급당학교 학생들이 매달 학교에서 부과하는 각종 지원 물자와 현금 과제를 수행하느라 학업에 집중하지 못하고 장사까지 해야 한다는 이야기를 듣고 관련 자료를 묶어 1호(김정은) 보고로 올렸다

한 달간의 조직지도부 검열에서 김일성고급당학교 학생들이 개별 과제 부담뿐 아니라, 학장과 당위원장에게 바치는 입학 뇌물 액수가 수천 달러에 이른다는 사실과, 학과목 교원들은 달러 현금이나 외국산 냉장고, 세탁기 등을 주어야 점수를 제대로 줘서 졸업할 수 있게 한다는 부정부패 실태가 고스란히 드러났다.

2020년 3월 1일 자유아시아 소식통은 "당 간부 양성기지의 최고 전당인 평양 김일성고급당학교에 입학하고 졸업을 하려면 성분보다 먼저 달러 뇌물이 필수라는 사실은 어제오늘의 이야기가

이니다."라면서 김정은 정권 출범 이후 당 중심 체제로 전환되면서 김일성고급당학교의 위상은 더욱 높아졌다고 지적했다.[*]

이 사건으로 고급당학교 교직원만 처벌받은 것이 아니라 중앙당조직부 부부장 이만건도 해임되었다. 이는 북한 간부사업에서 뇌물이 하부뿐 아니라 상층부까지 만연하고 있다는 단적인 예이다.

이전에는 당과 국가에 충성한 대가로 차례지던 성분을 돈을 주고 살 수도 있게 되었다. 2020년 개성시에 탈북자가 재입북한 사건이 발생했다. 그런데 북한에서는 그가 탈북한 것조차도 몰랐다고 한다. 조사 결과 개성시 보위부가 뇌물을 받고 21명에 달하는 행불자를 사망 등으로 위조 처리한 것이 드러났다.[**]

물질만능의 사회가 되면서 사람들은 간부보다 잘사는 사람을 더 선호하게 되었다. 당과 국가에 충성해도 보훈이 없는 상황에서 사람들은 충성보다 돈벌이를 선택하게 된 것이다.

---

[*] 〈자유일보〉, 2020.03.02. '北 김일성고급당학교 학장·간부 부패혐의로 출당 철직' http://www.jayoo.co.kr/news/articleView.html?idxno=10749

[**] 〈데일리NK〉, 2020.8.25. '행방불명자 사망 처리해 준 개성시 보위부 간부들 '처형' 위기'

최근 북한은 정치적 보훈제도가 약화되는 상황을 막기 위해 정신적 보상, 즉 상징적 보훈을 강화하고 있다. 전국노병대회가 그 대표적 예이다. 1980년대 말까지만 해도 북한에서는 전쟁 참가자가 받는 물질적 혜택이 전혀 없었다. 전쟁 참가자들이 나이 들어 은퇴하면서 생계가 어려워지고 있지만 국가에서 돌볼 여력도 없었다. 북한은 선군정치를 강화하면서 군의 위상을 높이고 사람들의 군복무를 고무하기 위해서 1993년 전승 40돌 1차 전국노병대회를 열었다. 대회를 조직하여 노병들 가운데서 일부를 선발해서 회의에 참가시키고 그들에게 선물도 주는 방법으로 노병들의 애환도 달래고 사회적으로 노병 우대라는 분위기를 조성했다.

2차 노병대회는 김정은이 집권한 2012년에 개최되었다. 그 이후 2013년, 2015년, 2018년, 2020년 다섯 차례나 개최되었다. 노병대회 참가자들을 위해 비행기를 띄우고, 대회 기간 중에는 노병들의 불편한 거동과 건강상 문제가 발생할 것을 우려해 노병 1인에 2명의 대학생 봉사자를 따로 배치해 수발을 들도록 해서 화제가 되기도 했다. 평안남북도와 황해남북도, 함경남북도와 양강도에 전쟁 노병 전담 치료와 체육 시설, 실내 낚시터 등을 갖춘 노병 보양소도 세웠다.

8. 정치적 보상 제도의 미래

북한에서 보훈제도는 체제 유지에서 중요한 역할을 담당해 왔다. 정치적 보훈 방식을 통해 체제 유지의 핵심 세력을 키우고 대를 이어 체제에 충성하는 집단을 형성시켜 왔다. 또한, 개인의 행위를 조직 생활 지도와 주민요해를 통해 기록, 성분을 규정하고, 사람들이 당과 수령에게 바친 충성의 정도를 감안하여 입당, 상급학교 추천, 간부 임면, 표창, 처벌을 결정함으로써 주민들의 충성을 유도해 왔다.

북한에서 정치적 보훈제도의 체제 유지 기능은 점차 약화되고 있다. 현재 북한에서는 정치적 보훈과 물질적·정신적 보훈이 혼합된 복합적 보훈제도가 작동하고 있다. 2012년 6월 함경남도 신흥군 인풍중학교 4학년 학생인 한현경은 새벽 무더기비(폭우)에 의한 사태로 집이 무너질 위험한 순간에 백두산 3대 장군의 초상화를 목숨 바쳐 보위했다고 보도했다. 북한은 그를 '수령결사옹위투사'로 내세우면서 그에게 김일성청년영예상을 수여했고 그의 어머니와 교장은 국기훈장 제1급을, 아버지와 부교장은 노력훈장을, 담임 교원에게는 공훈교원 칭호를 수여했다. 이 학

〈그림2〉 북한의 정치적 보훈 체계

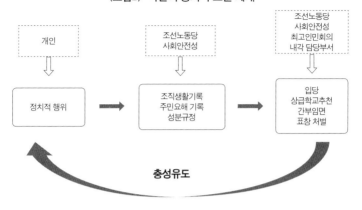

교의 청년동맹·소년단 책임지도원과 소년단 지도원에게도 국
기훈장 제2급과 제3급을 수여했다.[*]

보도 내용을 액면 그대로 받아들일 수는 없지만 수령을 목숨
으로 옹호 보위하는 것을 영광으로 여기는 사람들이 아직 있다
는 것을 보여준다. 그러나 오늘날 북한에서 그들이 받은 메달과
훈장은 이전처럼 사람들의 감동과 부러움의 대상으로 되지 못한

---

[*] 〈노동신문〉 2012.6.26. 정령.

다. 뒤따르는 물질적 보상이 없다면 훈장과 메달은 쇠로 만든 공예품에 지나지 않기 때문이다. 그리고 그들의 부모들에게 먹고 살 만한 공식적 지위를 보장해 주기도 어려울 것이다.

그러나 현재 북한 상황에서 보훈에 따른 물질적 보상 제도를 작동시키는 것은 거의 불가능하다. 따라서 앞으로도 정치적 보상 제도를 유지하면서 선전선동을 통한 정신적 보상을 더욱 강화하게 될 것이다. 그리고 체제 유지를 위한 보훈제도의 기능은 지속적으로 약화될 것으로 전망된다.

북한 보훈제도 *

: 어제와 오늘, 그리고 내일

강 채 연_통일연구원 부연구위원

* 이 글은 2020년 한국연구재단 등재학술지 『평화학연구』 제21권 3호의 글을
바탕으로 재정립한 것임.

일제의 강점에서 분단, 평화, 통일로 이어지는 거대 담론들 속에서 한국의 보훈제도와 정책은 대한민국의 어제와 오늘, 그리고 내일을 기약하는 국민의 충효이고 전부다. 광복 75주년을 맞는 올해, 평화의 크고 작은 그림자들과 퍼즐 조각들을 찾아 나선 수많은 사람들 속에서 우리는 조금은 색다른 통합의 씨앗을 찾아 떠나 본다. 장장 75년의 북한 보훈제도와 정책을 통해 남북 보훈정책의 상호 공백과 접점, 협력의 메신저를 추적하려는 것이다.

1. 광복 75주년을 맞으며

남북이 광복을 맞이한 지 올해로 75주년이다. 그동안 세대와 세대를 넘어 분단, 평화, 통일이라는 거대 담론들이 스치고 지나간 흔적들 속에는 한 민족 한 핏줄이라는 민족공동체의 거스를 수 없는 담론도 있다. 그 담론 속에서 탄생한 한국의 보훈제도와 정책은 대한민국의 어제와 오늘, 그리고 내일을 기약하는 국민의 충효이고 전부다. 그런데 한반도 반쪽, 북한의 보훈제도에 대한 우리 국민들의 관심은 얼마나 될까? 아마도 많은 사람들은 북한 보훈제도에 대해 무관심하거나 아예 생각 밖일지도 모른다. 이 글은 분단 75년사를 돌아보며 남북한 통합의 새로운 출발이 어디에서 시작되어야 하는가에 대한 고민을 시작으로 북한 보훈제도의 어제와 오늘, 그리고 내일을 추적해 본다.

보편적으로 사회주의와 민주주의의 상반된 가치가 '국가보훈'

의 차이를 만드는 것은 당연한 인식이고 논리다. 사회주의 국가에서의 보훈제도는 '사회주의 혁명에 참가'한 대상들에게 부여되는 사회적 혜택 내지는 지원 제도다. 따라서 '보훈'의 의미 자체가 국가의 정체성을 반영한다고 해도 과언이 아니다. 남북한에 있어서도 분단과 이데올로기, 그리고 적대 관계의 정체성이 남북한 보훈의 차이를 만들었다. 그러나 다름과 차이에서 합의와 이해, 통합의 퍼즐을 맞추는 데 북한 보훈정책을 이해하는 것이 자못 중요하다. 그리고 일말의 공통성을 찾는다면, 그것은 바로 '국가유공자'라는 단순용어상의 비교를 통해서다. 어디에서, 어떻게, 왜, 무엇을 위해 헌신했는지는 시대와 역사, 국가의 가치와 판단에 따른 것이지만, '국가유공자'로서의 단순한 개념적 의미는 북한에도 존재한다. 단어나 용어의 쓰임새가 다를 뿐. 그들 관점에서는 이른바 '국가공로자'로 표현된다.

앞서 북한 정권 건설사는 5단계를 거쳐 전개된다. 따라서 주요 보훈대상별 연대기는 다섯 가지로 나뉜다. ①항일무장투쟁사(일제강점기), ②민주 건설사(북한 정권 수립), ③조국해방전쟁사(6·25 전쟁), ④사회주의 건설사(냉전 시기), ⑤강성국가 건설사(냉전 이후)이다. 이 과정에서 북한 보훈도 나름대로의 시기별 특수성과 정체성을 반영하는 제도적 정착을 추진해 왔다. 이러한 보훈제도의 정착은 대체적으로 4단계에 걸쳐 이루어진다. 1단계: 도입기(6·25 전쟁 전후), 2단계: 확대기(전후~1960년대), 3단계: 전환기(1970~1980년대), 4단계: 고착기(2000년대 이후)이다. 이 과정에 국가공로 대상자들에 대한 사회적 보장 체계와 사회적 합의 체계의 기틀이 마련되었고, 우리와는 조금은 다른 보훈제도의 여러 가지 얼굴들이 만들어졌다.

광복 75주년을 맞는 올해, 평화의 크고 작은 그림자와 퍼즐 조각을 찾아 나선 수많은 사람들이 있다. 그중에서도 우리는 조금은 색다른 통합의 씨앗을 찾아 북한 보훈제도의 전말(顚末)을 헤쳐 본다. 그리고 남북 보훈정책의 상호 공백과 접점을 찾아 장장 75년의 북한 보훈의 역사를 되짚어 본다.

2. 사회보장(保障)정책의 패러다임

1) 6·25 전쟁과 사회보장 정책의 시동

북한 보훈정책의 뿌리는 1949년 「조선인민군전사 및 하사들의 부양가족 원호에 관한 결정서」에서 처음으로 발견할 수 있다. 군복무 부양가족 및 제대군인의 보조금 지급과 농업 현물세의 감면, 직업·교육·의료 보장, 식량·주택 공급 등 일련의 보훈 정책들이 처음으로 명시된 사례다. 이후 6·25 전쟁에서 인민군 전사자·전상자(김일성 빨치산 전상자 포함)들이 속출하면서 이들에 대한 사회보상 정책이 언급되기 시작한다. 국가적 차원의 영예군인 사회보장 및 원호사업(1951.2.12.), 최초 영예군인학교(영예군인공업학교, 영예군인농업학교, 영예군인통계부기학교, 1~2년제), 전상자·애국열사들의 유자녀학원 설치(6월 내각협의회) 등이다. 8월에는 「국가사회보장에 관하여」(1951.8.30.)를 채택하면서 "조국해방전쟁에서 희생된 인민군 장병 및 빨치산들과 애국열사 유가족"에 대한 사회적 보장·전달 체계의 전문화를 강조하기 시작한다. 법령에서는 전사자·전상자와 그 유가족에 대한 전문교육·식량·생활필수품 배급 제공, 토지·주택·시설 공급 등에 대한 규정이 처음으로 채택된다. 그리고 "조국해방전쟁에서 불구로 된 자와 전사한 자의 유가족"에 대한 국가사회보장의 내용 및 전담 체계, 보조금 지불 방식 등에 대해 규정했다. 이에 따르면, "본인 및 그 자녀들은 학비와 주택사용료를 면제하고 농업현물세, 기타 세금을 20% 이상 감소 또는 면제"하도록 규정했다. 이 시기 사회보장 정책에서의 기본 특징은 전쟁영웅과 희생자들을 항일·반일투쟁 연고자들에 비해 더 우선시했다는 점이다.

2) '사회주의 건설'과 국가공로자의 확대

6·25 전쟁 이후 북한에서는 천리마운동의 선구자, 공업화의 노력영웅들이 상징적으로 배출되기 시작한다. 이에 따라 해방 전, 6·25 전쟁, 전후 복구 건설, 천리마대 고조 시기(1956-1960)를 반영하여 국가공로자의 범위 확대, 우선순위에 따른 사회보장의 지급 규모와 내용도 구체화된다. 「국가공로자에 대한 사회보장 규정 승인에 대하여」(1956.2.3.)에서는 "8·15 전 국내에서 일제에 반대하는 투쟁과 8·15 후 남한에서 미국을 반대하는 투쟁 및 혁명적 투쟁, 민족독립국가 건설을 위한 정치, 군사, 경제, 과학, 문화, 예술 기타 사업에서 공훈을 세운 자 및 가족들"을 사회보장 대상으로 규정한다. 구체적으로 남성 60세, 여성 55세 이상에 한하여, 유가족연금을 포함 최근 봉급액(1개월)의 100%를 공로금으로 지급하도록 했다. 공로자가 사망했을 때에는 장례금으로 3만 원을 지급하고, 그 유가족들이 노동 능력의 상실 및 사망 시에는 공로자에게 지급하던 금액의 절반을 지급하도록 했다. 이 외에도 공로자연금 대상자에게는 높은 급의 식량 공급과 (치료)

대우, 보조금 지불 등 특별한 우대를 주문하고 있다. 동시에 "제대군인들의 생활안전 제반 대책을 수립할 데 대한 문제"(1956.6), "내각에서 유자녀학원 사업을 개선 강화할 데 대한 문제"(1958.2)를 통해 공로자 사회보장 혜택의 세부화가 추진되었다. 영예군인들을 위한 전문 일자리 체계를 마련하고 그들이 '계속혁명'의 주체가 되도록 격려했다. 이렇게 탄생한 것이 이른바 '영예군인 공장'이다. 전국의 주요 도·시들에 통신기계 조립이나 일용품·식료품·학용품, 의족 등의 영예군인 전문공장을 세우고 영예군인들의 일자리 문제를 해결하도록 했다. 전국적으로 각 도·시를 대표하는 수십 개의 영예군인 공장이 설립됐다.

3) '후계승계'와 정치적 보상 정책으로의 전환

이 시기는 북한에서 주체사상과 일인 지배 체제의 형성, 김일성 항일의 정통성 만들기, 김정일의 후계 승계·후계 이론이 생성되던 시기이다. 또한 후계 업적의 일환으로 사회주의 건설의 대전성기를 구축하는 속에서 물질적 자극에 앞선 정신적 자극의 온 사회화가 이루어지던 시점이다. 평양에서는 「사회주의헌법」과 「사회주의노동법」, 「인민보건법」이 제정되면서 국가공로자의 우선순위에 따른 유형이 체계화되고 정형화(standardization)되고 있음을 발견할 수 있다. 「사회주의헌법」(1972.12.28.)에서는 '공민의 기본 권리와 의무'로 "혁명렬사, 혁명렬사 가족, 애국렬사 가족, 인민군 후방 가족, 영예군인은 국가와 사회의 특별한 보호를 받는다(제61조)"는 조항이 명시됐다. 「사회주의노동법」(1978.4.18.)에서도 "사회정치 활동에서 공훈을 세운 국가공로자들이 노동 능력을 잃었거나 사망하였을 때에는 그들과 그 가족들에게 특별한 배려"를 하는 조항을 신설했다. 이후 「인민보건법」(1980.4.3.)에서는 기존 대상에 '사회주의 애국희생자'가 추가됨으로써 '70년대 속도'와 '80년대 속도' 창조운동에서 공훈을 세운 영웅들과 그 유가족들을 국가공로자의 반열에 올렸다. 결과적으로 김정일의 후계 승계 및 후계 업적과 더불어 '항일의 전통', '혁명적 수령관', '평양속도' 등 계승과 정통의 상징적인 시대어(時代語)들이 출현하면서 그에 따른 국가보훈의 대상과 범위도 대폭 확대되었다.

4) '강성국가건설'과 국가공로자제도의 고착

이 시기는 법·제도·규범적 측면에서 북한 보훈제도의 재정비 및 고착화가 이루어지는 시점이다. 우선 「년로자보호법」과 「사회보장법」 제정을 통해 '국가공로자'에 대한 통합적 정의를 내리는 한편, 그에 따른 사회보장 정책의 위계 구조가 고착된다. 사회보장 정책의 위계 구조는 국가공로 대상자의 위계 구조에 따른 사회보장 체계의 차별화를 의미한다. 즉 혁명투사, 혁명열사, 애국열사, 사회주의 애국희생자 등 국가공로의 위계성에 따른 사회적 보상 및 보장 체계의 위계 구조를 의미한다. 이에 따라 세부 유형별 국가공로자의 차등적 우대 원칙도 제시된다.

2003년에는 처음으로 '조선년로자방조협의회(2003.4.30.)'가 조직되고 연로자 보호 사업을 통일적으로 지도하기 위한 비상설위원회가 내각 및 도인민위원회에 설치됐다. 또한 2006년에는 '조선년로자방조협회'를 '조선년로자보호연맹'으로 승격시키고 통일적 지도와 보장 체계의 전문성을 갖추게 되었다. 각 도·시·군 인민위원회 산하에 연로자보호위원회가 설치된 데 이어 2007년에는 최고인민회의 상임위원회 정령(제2214호)으로 「년로자보호법」(2007.4.26.)이 채택된다. 여기서도 "혁명투사와 혁명투쟁공로자, 영웅, 전쟁로병, 영예군인, 공로자 같은 조국 수호와 사회주의 건설에서 공로를 세운 년로자를 사회적으로 특별히 우대하며 그들의 생활을 따듯이 보살펴 주어야 한다."는 조항을 통해 국가

차원의 특별우대 대상을 강조하였다. 그 이듬해 발표되는 「사회보장법」(2008.1.9.)에서는 국가공로자의 유형을 통합적으로 정의하는 세부 조항이 발표된다. 즉 "조국과 인민을 위하여 공로를 세운 혁명투사, 혁명렬사 가족, 애국렬사 가족, 사회주의 애국희생자 가족, 영웅, 전쟁로병, 영예군인을 사회적으로 우대"한다는 것이다.* 이로써 북한에서 국가공로자는 혁명투사·혁명열사·애국열사·사회주의 애국희생자·영웅·전쟁노병·영예군인으로 통합·체계화된다.

5) 통합·체계화된 국가공로자의 유형

위에서 통합된 국가공로자는 크게 ①항일혁명투사들과 혁명투쟁공로자, ②반일애국열사, ③애국열사, ④사회주의 애국희생자, ⑤영웅 및 국가수훈자, ⑥전쟁노병, ⑦영예군인으로 체계화된다. 이들 유가족을 포함하면 국가공로 대상자가 된다.

---

* 「조선민주주의인민공화국 사회보장법」, 2008.1.9.

<표 1> 국가공로자의 유형과 특징

유형	공로 내용	사회보장증서	지급 대상 및 범위
항일혁명투사 혁명투쟁공로자	김일성파 및 그 연고자	혁명열사증	본인/유가족(자녀 및 손자녀)
반일애국열사	비(非) 김일성파 독립 운동가	반일애국열사증	본인/유가족(자녀 및 손자녀)
애국열사	6·25 전쟁 피살자/ 조국통일열사/ 건국· 사회주의 건설 시기 고위 엘리트	애국열사증	본인/유가족(자녀 및 손자녀)
사회주의애국 공로자	공무순직/수령결사용 위희생자 유훈·당정책 관철자	사회주의 애국희생증 사회주의 애국공로자증	본인/유가족(자녀 및 손자녀)
영웅 및 국가수훈자	공화국영웅	공화국영웅훈장	본인/유가족
	노력영웅	노력훈장	본인/유가족
	국가표창	김일성(김정일)상·훈장/ 국기훈장 1급/2급, et	본인/유가족(자녀)
전쟁노병	조국해방전쟁참전자	참전훈장	본인/유가족(자녀)
영예군인	군복무 중 부상	영예군인증서	본인

　　항일혁명투사 및 혁명투쟁 연고자는 김일성 빨치산 중심의 항일운동 연고자들이다. 김일성 회고록에 따르면, 주로 길림 육문중학교(吉林毓文中學校, 1920년대), 동북항일연군(중국인 반일부대, 1930년대), 소련극동군 88여단(하바롭스크, 1940년대) 시절을 중심으로 하는 항일운동 참여 및 그 연고자들이다. 여기에 1936년에 조직된 조국광복회(在滿韓人祖國光復會) 소속 갑산공작위원회(북한 함경도 일대 무장투쟁조직) 참여인사도 포함된다.

반일애국열사는 이러한 조직과 별개로 일제에 항거하거나 독립운동에 참여한 사람들로, 한국의 독립운동가 범위에 속한다. 그러나 이러한 독립유공자나 그 유가족들이 북한 정권에 그리 달가운 존재는 아니다. 그 배경에는 북한 정치사에서의 단계적 트라우마가 있다.

첫째, 해방 후에서 1960년대에 이르는 동안 김일성파와 독립운동파(국내, 임시정부, 만주 등)들 간에 벌어진 파벌 투쟁의 여파이다. 단계적 파벌 투쟁의 결과로 김일성 일인 지배 체제가 형성되었지만, 국내 및 해외 독립운동가 출신의 정치 세력들이 전부 몰락한 데 따른 후유증은 아직도 남아 있다. 둘째, 이로써 1960년대 말 김일성의 항일무장투쟁을 정통성으로 하는 북한 체제의 재탄생이 김정일의 후계 승계(1970년대)를 이끌었고, 점차 '반일애국열사'의 의미는 퇴색되기 시작한다. 국가 차원의 우대 정책으로서의 사회적 혜택은 1대 자녀들에게만 미쳤을 뿐이다. 그 외 손자녀들에게는 어떤 사회적 보상도 없다. 1세대, 2세대가 사라진 지금에는 더더욱 그 의미가 퇴색될 수밖에 없다. 애국열사에는 피살자, 조국통일열사, 건국 및 사회주의 건설 시기 고위 엘리트들이 포함된다. 피살자는 6·25 전쟁 시기 유엔군 및 국군의 북한 점령 지역에서 '치안대'에 의해 피살된 핵심 열

성분자들이다.* 조국통일열사에는 해방 이후 남한에서 미국을 반대했거나 조국통일을 위해 투쟁한 사람과 그 가족들, 비전향 장기수 등이 포함된다. 애국열사로서의 고위 엘리트는 건국 인사, 납북 고위 인사에 더하여 사회주의 건설 시기 고위 엘리트들이 포함된다.

사회주의 애국공로자는 공무 과정에서의 순직자와 '수령결사옹위'의 희생자, 유훈 및 당 정책 관철자들로 분류된다. 우선 '수령결사옹위'의 희생자는 ①각종 화재 현장에서 김일성 일가의 초상화, 혹은 영상작품과 초상휘장 등을 지켜냈거나 목숨을 바친 사람들 ②수령과 당의 방침 관철 현장에서 순직한 공로자들이다. 유훈 및 당정책 관철자는 김일성-김정일의 유훈 관철을 위한 사업에서 공을 세운 사람들이다. 영웅 및 국가수훈자는 공화국영웅훈장, 노력영웅훈장, 김일성(김정일)훈장, 국기훈장 등과 같이 국가의 높은 수훈을 쟁취한 사람들이다. '영예군인'은 군사복무 중 부상으로 제대된 사람들에게 부여되는 명예 칭호이다.

---

* 6·25 전쟁에서 치안대는 유엔군 혹은 국군의 북한 해방 지역에서 치안을 목적으로 조직된 조직이다. 그러나 북한에서는 치안대가 공산주의자들을 무참히 탄압했다고 주장함으로써 그 유가족들은 국가공로자의 대상에 포함된다. 그리고 현재까지도 '치안'의 의미는 매우 부정적인 용어로 쓰인다.

이들 국가공로자와 유가족은 명실공히 「사회주의헌법」이나 「사회보장법」에 특별히 명시된 '국가공로자'로서의 보호와 우대를 받는다. 그러나 공로에 따른 위계 구조가 그들에 대한 사회적 보상 및 대우의 범위 및 위계 구조를 결정하는 기본 요인이다.

3. 사회보상(補償) 정책과 의미

1) 사회보상 정책의 내용

국가공로자에 대한 사회적 보상 체계는 '국가사회보험제'와 '국가사회보장제'를 통해 이루어진다. 국가사회보장제는 국가에 의해, 국가사회보험은 공장, 기업소나 단체 등 사무원·근로자들의 보험료 갹출에 의해 재원이 마련되고 공급되는 형태이다. 사회보장금은 연금과 보조금의 형태로 지불된다. 사회보장 대상자는 국가로부터 부여받은 공로자 증서(사회보장금 증서)의 유형에 따라 연금과 보조금을 받는다(「사회보장법」 제3장 제19조). 연금 종류에는 공로자연금(노동능력상실연금, 장례보조금, 보조금)과 유가족 연금이 있다. '국가 규정에 지적된 훈장, 명예훈장, 영예 칭호, 표창을 받았거나 오랜 군사 복무, 국가의 중요한 직책에서 일한 사람'이 해당된다. 여기에는 '김일성훈장(상), 김정일훈장(상)을 비롯하여 높은 급의 수훈 및 표창을 받은 공로자'가 대표적이다. 사전적 의미에서 노동능력상실연금은 혁명투사, 노동자, 사무원이 그 대상이다. 유가족연금의 사전적 대상은 "국가로부터 렬사증(열사증)을 수여받은 유가족들과 부양가족들로 혁명열사, 순직자, 공상자 유가족들"이다. 유가족연금은 유가족 중 노동연령이 지난 연로자와 만 16세 미만 어린이, 노동능력 상실자, 장기환자, 혁명열사증, 반일애국열사증을 받은 유가족 및 지정된 대상들로 한정된다. 또한 그 유가족들이 노동능력의 상실 및 사망 시에는 공로자에게 지급하던 금액의 절반을 지급할 수 있다. 이 외에도 인민군 후방 가족 원호보조금(군복무자들 중 노동능력을 가진 자가 없는 가족이 받는 보조금)이 있다. 영예군인이나 영예전상자들에게는 불구의 정도에 따라 생활보조금이 지급된다.

사회보장금 비율은 공훈 및 표창 등급에 따라 정해진다. 경험적 관찰로 볼 때, 열사증, 국기훈장 1급/2급, 참전훈장, 노력훈장 순으로 보조금 지급액과 순위가 결정된다. 사회보장은 현물성 지원 형태이고 사회보험은 현금성 지원(보조금 및 연금) 형태이다. 현물성 사회보장의 대표적인 형태는 공로 등급에 따른 주택·식량·생활필수품 등의 차등 공급, 의료 지원 체계, 보호시설 (기구)·전문 일자리 제공 등이다. 일종의 '국가적 혜택'이다. 때문에 현물성 혜택에 비해 현금성 보상은 거의 형식에 가깝다.

북한 이탈 주민들의 증언에 따르면, 7·1 조치 이전(김일성·김정일 정권)까지 국가공로자 보조금의 지급 수준은 현금 60원/월 (한화 약 7원 50전), 식량 600g/일 정도였다. 2002년 7·1 조치(가격 개혁) 이후에는 연금 및 보조금 기준표가 개정(내각결정 제36호, 2002.6.14.)되면서 일정 정도 지급액이 상향 조정된 바 있다.

〈표 2〉 7·1 조치로 상향 조정된 국가공로자의 연금/보조금 지급 기준(단위: 월)

구분	유형	대상자	지급액(원)
연금	공로연금	공로자 1부류 - 월 생활비의 60%	최하 1,000
		공로자 2부류 - 월 생활비의 50%	최하 950
		공로자 3부류 - 월 생활비의 40%	최하 350
		공로자 4부류 - 월 생활비의 30%	최하 750
		이 밖의 공로자(공로자 기준이 달라진) 대상	750
	년료연금	특류 영예군인 보호자	450
보조금	유가족보조금	애국열사증 유가족 1명에게(노력자 유무 관계없이)	800
		사회주의애국희생증 유가족 1명에게 (노력자 유무 관계없이)	700
	불구보조금	영예군인 특류	1,400
		영예군인 1류/2류/3류	900/550/400
		영예전상자 1류/2류/3류	600/450/300
		공상자 1류/2류/3류	500/350/200

| 보조금 | 간호보조금 | 특류 영예군인 간호사 | 850 |
| | | 1류 영예군인, 영예전상자, 공상자 간호사 | 650 |

7·1 조치 이후 공로자연금과 보조금을 받았던 사례들을 평균적으로 비교해 보면, 공로 유형에 따라 차등 지급되면서도 최하 200원에서 최대 2,500원(한화 약 32원)까지 지급된 것으로 나타났다. 그 이후로 식량 가격은 5,000원을 넘어섰으나 연금·보조금개혁은 아직 이루어지지 않은 상태다. 이마저도 항일투사, 항일투쟁 연고자와 유가족들에게는 대대손손 보조금과 국가적 우대 혜택이 차례지는 반면, 애국열사증이나 사회주의애국희생증을 받은 유가족들에게는 1자녀에게만 보조금이 지급될 뿐이다. 때문에 국가적 혜택은 별로 크지 않다. 다만 자녀를 기준으로 교육·보건·사회 부문에서 일정한 혜택이 주어질 뿐이다.

2) 차등적 보상 정책(grade reward policy)

우리나라에서 보훈은 국가유공자의 생활에 대한 실질적 보상을 통해 그들의 생활 안정과 복지 향상을 도모하고, 국민들로부터 예우, 국민의 애국정신을 함양하는 데 있다. 이것이 북한에서는 국가공로의 등급에 따른 위계질서, 차등적 보상을 나타내는

지표로 활용된다. 때문에 공로자에 대한 우대 정책에서 금전적 보상보다는 물질적 보상의 차등 공급 체계가 보다 중요한 자리를 차지한다. 물질적 보상의 차등 공급 체계는 국가공로자의 유형과 부류에 따라 결정된다. 이는 의식주(衣食住) 공급 체계의 위계 구조와 교육 및 사회적 위계 구조를 형성하게 되는 근본 요인이다. 나아가 핵심 엘리트의 위계질서와 체제의 연속성을 보장할 수 있는 엘리트의 재구성 문제와 연결되는 것이다.

공로자들을 위한 물질적 혜택과 공급 제도로는 '선물 공급'과 '3일 공급' 제도가 대표적이다. '선물 공급' 제도는 정기적으로 김부자의 생일이나 국가적 명절을 기념하여 공로자들에게 공급되는 각종 혜택이나 선물이다. '3일 공급' 제도는 해당 지역 단위의 담당 공급소를 통해 공로 대상들에게 배급되는 식생활 관련 물자 공급 제도를 말한다.* 이를 통해 식량, 육류, 수산물, 과일, 기름 등 최소한의 식품 공급과 함께 칫솔, 치약, 비누, 세수 수건, 의류, 신발 등 최소한의 생활필수품들이 특별 공급된다.

---

* 3일 공급은 모든 국가공로자들에게 해당되는 것이 아니다. 항일혁명투사나 그 연고자들, 비전향장기수 등이 여기에 속한다. 그리고 매주 수요일과 토요일 2회에 걸쳐 공급소에서 직접 매 가정을 일일이 방문하여 물자들을 공급한다. 자유아시아방송, 2015.8.11.

국가공로자의 분류에 따라 공급되거나 배급되는 의식주의 규모나 내용도 다르다. 중앙·도·시·군 단위별로 별도 설치된 공급소를 통해 주 2회(수요일, 토요일)로 나누어 공급된다. 이 제도는 1970년대 김정일 정권에서 마련된 제도로, 공급물자를 마련하는 전문 부서로는 중앙당 재정경리부가 있다. 김부자의 선물 및 3일 공급자 명단의 작성 및 검토, 공급 부서는 중앙당 5과, 6과, 11과로 알려져 있다. 이 중 6과는 항일혁명투사 및 혁명투쟁연고자 유가족과 전쟁노병 및 유가족, 조총련계 유가족을 맡고 있다. 11과는 조선로동당 통일전선부 산하로 조국통일공로자들에 대한 공급을 맡고 있다. 공급 대상에 있어서도 1호 대상, 2호 대상, 11호 대상, 33호 대상 등으로 나뉜다. 직급과 공로 유형에 따라 최소 300달러 이상에 해당하는 선물을 공급하는 것으로 알려져 있다.* 이러한 물질적 보상의 위계 구조도 역시 '물질적 자극에 의한 집단주의의 구현' 또는 '물질적 자극에 의한 합리적인 배분 방식'이라는 사회주의적 공급 원칙에 근거한다. 그러나 대부분의 공로자들은 공로연금이나 보조금으로 본인의 일상생활을

---

* 자유아시아방송, 2015.4.21.

영위하기가 쉽지 않다. 이런 구조에서 유가족의 생계까지 보장하기 어려운 것이 국가공로자의 삶이다.

4. 사회적 합의 체계의 구조화

1) 의식화(consciousness)

대부분의 국가들에서 '보훈'의 보편적 가치는 나라를 위해 헌신한 국가유공자들의 정신과 업적을 기리고, 그들의 희생에 보답하기 위한 공동체적 가치 체계(community value system)를 기반으로 한 것이다. 이것이 북한에서는 '당과 수령'을 위해 헌신한 국가공로자들의 정신과 업적을 기리고, 그들의 희생을 따라 배우기 위한 위계적 가치 체계(hierarchical value system)를 추구한다. '국가공로'의 가치가 곧 '당과 수령에 대한 충실성'의 척도로 규정되기 때문이다. 그리고 수령에 대한 충실성의 신념화·양심화, 수령에 대한 헌신의 희생·육탄정신이 '효'와 '공로'의 기준이 된다. 따라서 국가공로자에 대한 사회적 합의 체계는 국가의 정통성(legitimacy)과 계승성(continuity), 도덕성(morality), 목적성

(finality) 등을 이식하기 위한 하나의 재사회화 과정이다. 추구하는 목표는 ①당과 수령에 대한 충실성 ②혁명 선배에 대한 존경과 관심 ③우대자로서 도와주는 사회적 기풍 ⑤그들 정신과 업적을 계승하기 위한 후대 교양사업이다.

의식화의 모델 순위는 당연히 항일혁명투사와 그 연고자들, 조국해방전쟁 참가자, 전후 천리마대 고조 시기의 영웅들, 사회주의 애국희생자(공로자) 순이다. 국가공로자의 대부분은 수령에 대한 충실성과 수령결사옹위의 정신으로 대변되는 상징적인 인물들이다. 그러나 역설적이게도 김일성과의 연고 관계가 없는 관계로 독립유공자(반일애국열사)가 '혁명 선배'나 '사회적 모델'의 우대 측면에서 종종 제한적이거나 차별화되기도 한다. 이는 최근 김정은 정권에서 나타나는 특징적인 변화다. 최근 북한에서는 이른바 '조국'과 '고향'에 대한 새로운 철학적 논리를 통해 김일성의 항일운동과 순수 독립운동과의 차별화를 꾀하고 있다. 즉 독립운동과 애국심이 갖는 시대적 의미와 그 특징을 재정립함으로써 김일성의 항일무장투쟁(조국해방전쟁의 투사·영웅들 포함)과 독립운동의 성격을 분리시키려는 움직임이다. 그들의 논리에 따르면, 독립운동(반침략애국운동)은 예나 지금이나 긍정적이면서도 민족사의 자랑이지만, 사회주의 북한에서의 애국심과 전혀 다른 것이라고 한다. 구체적으로 과거의 애국명장이나 애국열사, 애국지사들의 애국심은 봉건적 이념과 충군사상에 기초한 것이었거나 부르주아 민족주의 사상에 기초한 것이라고 규정한다.* 따라서 이들 애국심에는 외래 침략으로부터 나라와 민족의 존엄을 지키려는 긍정적인 측면과 함께 자기 계급의 이익을 옹호하고 지배하는 사회제도를 유지하려는 정신이 담겨 있다고 본다. 때문에 김일성의 항일무장투쟁이나 조국해방전쟁 시기에 발휘된 애국심에 비하면 '심히 불철저하고 미약한 것'이라고 지적한다. 이들 애국심이야말로 진정한 조국을 위한 애국투쟁이고, 이러한 열사와 영웅의 전통을 계승하는 것이 진정한 국가공로자에 대한 예우이고 의리하고 지적한다.** 이러한 논리의 배경에는 해방 후 김일성의 일인 지배 체제 구축 과정에서 김일성 빨치산을 제외한 대부분의 독립운동가들이 순차적으로 숙청되면서 북한 보훈제도에 미친 영향력이 있다. 결국 김정일 정권에 이어 김정은 정권에 이르면서 무연고(김일성) 반일애국열사들에 대

---

* 유철민, 「새롭게 밝혀진 조국에 대한 철리」, 평양: 김일성종합대학, 2020.5.26.
** 우성섭, 「항일의 혁명 전통을 영원히 옹호고수하고 계승발전시켜 나가는 것은 조선로동당의 확고한 의지」, 평양: 김일성종합대학, 2020.4.8.

한 언급이나 우대 정책은 점차 사라지고 그들 업적마저 소외되고 있는 양상이다.

2) 도덕화(moralization)

국가공로자 정책의 사회적 합의에 있어 두 번째로 중요한 것은 '혁명 선배'에 대한 도덕 의리이다. 즉 국가공로자에 대한 최고의 예우는 '혁명 선배'로서의 존중과 도덕이다. 이것이 곧 수령에 대한 존중과 도덕적 의리로 이어진다고 보는 견해다. 이러한 문제의식은 김일성 사망 이후 김정일의 노작(1995.12.25.)을 통해 본격적으로 등장하기 시작했다. 즉 '혁명 선배들을 존대하는 사회적 분위기를 조성'하는 문제가 '숭고한 도덕 의리'의 전일체로 등장한 것이다. 이러한 배경에는 체제 전환과 김일성의 사망, 경제난에 따른 사회적 일탈, 국가위기관리의 중차대한 문제들이 있었다. 노작에서는 "후대들을 위하여 모든 것을 다 바쳐 투쟁한 혁명 선배들을 존대하는 것은 후세대 사람들이 마땅히 지켜야 할 혁명적 의리이며 숭고한 도덕적 의무"라고 지적한다. 혁명 선배들을 존대한다는 것은 ①혁명 위업을 위하여 모든 것을 다 바쳐 투쟁한 혁명가들을 적극 내세우고 ②그들의 혁명사상을 옹호·고수하고, ③그들의 혁명 업적을 계승·발전시켜 나간다는 것을 의미한다.

특별히 김정은 정권에서는 항일투사들에 비해 전쟁노병들이 국가공로자의 핵심 전형으로 더 자주 소환되고 있다. 그들의 '헌신과 복무' 정신을 따라 배우기 위한 '도덕과 의리'의 국풍을 호소한다. 이는 김정일 정권과 달리 맹목적인 충성보다는 도덕적 헌신과 희생을 강조하는 전략으로 해석될 수 있다. 시장화로 인한 급격한 사회변동, 경제발전 전략의 침체, 국제사회에서의 고립 등으로 인한 국내외 돌파구를 마련하는 중요한 전략적 수단으로 내세우고 있는 것이다. 이를 위해 '혁명 선배'들에 대한 집단적 도덕 의리를 '국풍'으로 전환하고 전 당적·전 국가적·전 사회적 사업으로 틀어쥐고 나가야 한다고 강조하였다. 특히 코로나19를 전후로 사회주의 도덕 의리와 국풍이 국가·사회·가정의 삼위일체(三位一體) 사업으로 거세게 강조되고 있다. 김정은은 솔선 "전쟁로병들을 도덕 의리적으로만이 아니라 인간적으로 나의 할아버지, 아버지로 생각하면서 존경하고 귀중히 여긴다."는 메시지를 통해 전 인민적 도덕화의 '모범'을 기리고 있다.

국가공로자들이 지닌 사회주의 도덕 품성으로는 세 가지가 지적된다. ①백옥 같은 충성심 ②혁명 선배들을 존대하고 동지들을 사랑하는 훌륭한 의리 ③이웃 간에 화목하고 서로 도와주는 고상한 미풍이다. 전체적으로 혁명 선배들을 우대하는 사회적 기풍과 생활윤리가 도덕 교양사업의 중요한 내용이고, 이는 곧 당에 대한 충실성의 도덕으로 이어진다는 논리이다. 이를 위해서는 혁명 선배와 그 유가족들을 잘 돌봐 주고, 도덕 교양을 충실성 교양·애국주의 교양·집단주의 교양과 결부하여 진행해야 한다고 지적한다.

3) 생활화(habituation)

국가공로자에 대한 사회적 합의의 의식화·도덕화는 생활화의 전제조건이다. 북한의 주장에 따르면, 일상생활은 사업(일)과 학습, 휴식으로 이루어지는데, 이러한 전 과정에 충실성을 체질화하고 실천 행동에 구현하는 것이 생활화하는 기본 원칙이다. 따라서 일상생활에서 국가공로자들의 모범을 따라 배우고 실천 활동에서 구현하는 것이 생활화의 요구조건이 된다. 이들의 "수령에 대한 충실성, 자력갱생의 혁명정신, 백두의 혁명 전통, 천리마의 정신 등을 따라 배우는 것"을 습관화하는 것이다.

우선 전 사회적으로 혁명열사들의 충실성의 전통과 영웅들의 희생정신을 형상한 영화 속 주인공들을 따라 배우기 위한 사상 학습이 강조된다. 특히 김정은 시대에서 학생들과 청년들이 1950년대 영웅 전사들의 정신을 따라 배우는 것은 "사상적 혈통, 신념의 피의 계승"이라고 지적하고 있다. 충실성의 전통은 항일 투사들에게서, 조국 수호와 헌신의 정신은 전쟁노병들에게서 따라 배울 것을 요구한다. 나아가 국가공로자들을 사회적으로 우대하고 돌봐주는 기풍의 온 사회화, 즉 "하나는 전체를 위하여 전체는 하나를 위하여"라는 집단주의 의식을 거세게 강조한다.

다음으로 국가공로자들의 업적이나 충성심을 따라 배우기 위한 견학, 참관, 정치·문화 활동 등이 다양한 교육 지원 현장에서 극대화된다. 이러한 현장으로는 먼저 열사릉을 들 수 있다. 북한에는 애국열사들을 위한 3개의 능이 있다. 신미리애국열사릉과 혜산애국열사릉, 대성산애국열사릉이다. 신미리애국열사릉(1986.10, 약 15만㎡, 평양시 형제산구역 신미동)에는 주로 반일애국열사증과 애국열사증을 부여받은 정치·경제·군사·교육·문화예술 부문의 당·정부 고위 엘리트, 독립운동가들, 건국 인사들, 비전향장기수, 납북 고위 인사 등이 안장(약 900명)된다. 대표적인 직급으로는 '당중앙위원회 부장, 조선인민군 차수, 조선인민군 장령, 조국평화통일위원회 부위원장, 애국지사, 남조선혁명가, 독립군 사령, 김일성종합대학 교원, 인민예술가, 인민배우, 작가 등

각이하다. 혜산혁명열사릉(1965, 약 8천㎡, 양강도 혜산)에는 정권 창립 시기 지방 당조직에서 활동했던 고위 인사들과 갑산지역에서 반일운동을 한 인사(약 90명)들이 안장되어 있다.* 대성산혁명열사릉(1975, 약 35만㎡, 평양시 대성구역)에는 김일성 빨치산 인물 중 지휘관급 인사와 김일성의 가계, 6·25 전쟁의 핵심 당 및 군 지휘관들이 안치(약 160명)되어 있다. 이 밖에도 인민군열사탑, 통일전선탑, 조국해방전쟁승리기념관, 조선혁명박물관, 조선중앙역사박물관 등과 같은 탑·기념비·기념관들과 수많은 혁명 사적지·전적지들이 당과 수령에 대한 희생성과 헌신성의 재교육 현장이 되고 있다. 이러한 현장들에 필요한 잔디, 관리, 청소, 소모품의 지원 등은 학생들의 몫이고, 곧 생활화의 전형으로 애국주의 교육으로 대체된다.

생활화의 또 다른 유형은 경제·사회·복지 차원에서의 집단적 동원, 혹은 원호사업이다. 국가공로 대상자들에 대한 원호사업은 사회보장사업에서 중요한 자리를 차지한다. 북한에서는 조직 단위로, 지역 단위로, 또 정기적으로 국가공로자들에 대한 지원·

---

* 자유아시아방송, 2018.8.14.

원호사업이 생활 단위 혹은 조직 단위를 중심으로 이루어진다. 지역 단위로는 주로 의료·상업 봉사 단위들과 직장, 단체, 생활 주거지역(동, 읍, 인민반 등)을 중심으로 하는 물질적 지원과 의료 봉사 활동이 정기적으로 부과된다. 특히 국가적 명절과 계기 때마다 군인들에 대한 원호, 위문편지 등은 전체 근로자들과 학생들의 의무이고 책무다. 학교나 기관, 단체들에서는 '전쟁로병들과의 상봉모임', '전쟁로병들의 추억 문학작품 전시회' 등이 정기적으로 이루어지고, 전쟁노병에 대한 원호사업이 다양한 형태로 조직된다.

4) 본보기화(modeling)

북한에서는 사회적 보상에 있어 무엇보다 중요한 것이 '정치적 생명'으로서의 보상이다. 때문에 이러한 보상 체계는 보통 교육 현장들에서 이루어지는 경우가 많다. 즉 각 시대별 상징적인 국가공로자들의 이름으로 명명된 대학이나 학교들이 특별히 많은 이유가 여기에 있는 것이다. 이를 통해 그들의 충심과 업적을 기리고 본보기화를 추구하는 데 근본적인 목적이 있다. 현재 북한에 있는 국가공로자 명칭의 교육기관은 다음과 같다.

〈표 3〉 국가공로자의 이름으로 명명된 교육기관

이름	공로 유형-업적	대학(학교)명-시기
김책	〈항일투사〉 김일성 빨치산, 초대 민족보위성 부상, 내각 부수상, 외무부 부상, 전선사령관	김책공업종합대학(1951)/김책공군대학(1956)/ 김책금속단과대학(1984)/김책보위대학
강건	〈항일투사〉/ 초대 인민군 총 참모장	강건종합군관학교(1955)/강건사리원의학대학(1990)
김형직	〈혁명투사〉/ 김일성의 부친	김형직사범대학(1975)/김형직군의대학(1984)
김철주	〈혁명투사〉/ 김일성의 동생	김철주사범대학(1990)/김철주포병종합군관학교(1993)
강반석	〈혁명투사〉/ 김일성의 모친	강반석유자녀대학(1992)
김보현	〈혁명투사〉/ 김일성의 조부	김보현대학(1994)
오중흡	〈항일투사〉/ 1938-39년 김일성 사령부 연대장	오중흡청진제1사범대학(1990)
김형권	〈혁명투사〉/ 김일성의 삼촌	김형권신포사범대학(1990)
리계순	〈항일투사〉/ 김일성 빨치산	리계순사리원제사범대학(1990)
차광수	〈혁명투사〉/ 김일성 빨치산	차광수신의주제1사범대학(1990)
한덕수	〈노력영웅〉/ 조총련 초대 의장	한덕수평양경공업대학(1995)
김제원	〈노력영웅〉 1946년 '애국미헌납운동' 주인공	김제원해주농업대학
계응상	〈노력영웅, 인민상〉 한국의 첫 유전학·잠학자(1930년대)	계응상사리원농업대학(1990)
정준택	〈건국 인사〉 초대 산업국장, 초대 국가계획위원회 위원장, 내각부수상(1956-1960년대)	정준택원산경제대학(1990)
김원균	〈노력영웅, 김일성상 계관인〉 〈김일성 장군의 노래〉〈애국가〉 창작가	김원균평양음악대학(2006)
김정숙	〈혁명투사〉/ 김일성의 부인	김정숙교원대학(1990)/김정숙사범대학(1981)/김정숙해군대학(1993)
장철구	〈항일투사〉/ 김일성 사령부 작식(嚼食)대원	장철구평양상업대학(1990)
조군실	〈공화국영웅〉/ 6·25 전쟁영웅	조군실전자자동화단과대학(1988)
조옥희	〈공화국영웅〉/ 6·25 전쟁영웅	조옥희해주교원대학(1990)
리수덕	〈공화국영웅〉/ 6·25 전쟁영웅	리수덕원산교원대학(1990)

리수복	〈공화국영웅〉 / 6·25 전쟁영웅	리수복순천화학전문학교(1955)
김광철	〈공화국영웅〉 군사훈련 중 수류탄을 몸으로 막아 전우 구원	김광철고등중학교(평안북도 구장군 롱문리, 2001)
리복재	〈사회주의 애국희생자〉 열차승무원, 열차탈선 김부자 초상화 구하고 사망	리복재고등중학교(평양시 서포구역, 1999)
리광수	〈공화국영웅〉 군복무 중 화재 현장에서 김부자 초상화 구출	리광수고등중학교(평안북도 선천군, 2002))
길영조	〈공화국영웅〉 비행 훈련 도중 평양 시내 추락 피해 사망	길영조고등중학교(평양시 중화군, 1994)

※ 김일성·김정일 명칭 대학 제외

　주로 항일투사들은 군 관련 대학이나 전문교육 및 훈련기관들에 그 이름들이 명명되고, 일반 대학들에는 해당 공로자의 출신, 업적 등을 반영하여 명명된다. 청년영웅들을 상징하는 명칭은 주로 출신 고등학교들에 부여된다. 대부분 학교들의 명칭은 1990년대를 배경으로 개정된 것으로 동구권 체제 전환으로 인한 위기관리 측면이 개명 배경이다.

　영화나 문학작품을 통한 본보기화는 문화적 감수성을 통한 또 다른 유형의 사회적 합의 체계이다. 북한 문화예술 작품에 등장하는 주인공의 대부분이 특정 시대를 대표하는 국가공로자의 원형임을 감안할 때 더더욱 그렇다. 이러한 과정에서 공로자들은 재생산된다.

5. 남북보훈의 공백과 접점을 찾아서

1) '국가보훈'과 '국가공로'

한국이나 미국을 비롯한 대부분 국가에서 '보훈'에 해당하는 대표적 어휘는 'Patriots and Veterans'로 통용된다. 이는 '애국자'와 '참전용사'를 아우르는 단어로 '국가보훈'의 보다 정확한 의미와 (사회적) 가치를 나타낸다. 여기에 공로는 단순히 '어떠한 목적을 달성하는 데 기여한 노력이나 수고'의 의미가 더 크다. 따라서 칭찬, 성과, 기여도 등의 (효용)가치에 따른 기준으로 통용되는 'merit'로 표현된다. 따라서 보훈은 국가를 위한 헌신과 그에 따른 보답을 의미한다면, 공로는 상대적 가치평가의 총체로 볼 수 있다. 우리나라에서도 보훈의 의미는 '공훈에 보답'함을 뜻하는 의미로 '국가보훈(國家報勳)'을 일컫는다. 국가보훈은 국가유공자의 애국정신을 기리기 위해 국가적 차원에서 국가유공자나 그 유족, 즉 '국가보훈대상자'들을 예우하고 보상해 주는 제도다.

'국가보훈대상자'의 법률적 의미는 "희생·공헌자"로 네 가지 분류 체계를 따른다. ①일제로부터 조국의 자주독립 ②국가의 수호 또는 안전보장 ③대한민국 자유민주주의 발전 ④국민의 생명 또는 재산보호 등 공무 수행 과정에서 헌신한 사람과 그 유가족이다.* 그리고 국가의 보훈정책은 조국에 대한 헌신성, 올바른 국가관, 나라사랑 등과 같은 공동체의식의 함양을 목적으로 그들에 대한 물질적 보상과 생활 안전을 도모한다.** 이러한 '국가보훈대상자'가 북한에서는 '국가공로 대상자'로 명명된다. 그리고 수령-조국-인민에 이르는 위계적 헌신(또는 희생) 정도에 따라 공로 가치 및 등급이 결정된다. 또한 위계질서에 의해 사회적 보상 체계의 우선순위가 결정된다. 또한 남한에는 국가보훈처와 「국가유공자 등 예우 및 지원에 관한 법률」, 「보훈보상대상자 지원에 관한 법률」 등 독립적인 전달 체계와 법률이 있는 반면, 북한에는 별도의 관련 법률이 존재하지 않는다.

남북 사이에서 국가보훈으로서의 국가적·사회적 가치, 그리고 국가공로로서의 국가적·사회적 가치도 다르게 해석될 수밖에 없다. 각각의 정체성(identity)과 특수성(particularity) 때문이다. 국가보훈은 그 의의가 '예우와 보상'을 통한 공동체정신의 함양

---

* 법무부, 「국가보훈 기본법」, 서울: 법무부, 2017.
** 국가보훈처, 『국가와 보훈』, 서울: 국가보훈처, 2002, 19쪽.

에 있다면, 국가공로는 '예우와 보상'의 위계화를 통한 충실성 함양(당과 수령에 대한)에 있다. 그리고 국가공로에 대한 보상 체계는 물질적 보상보다는 정신적 보상을 앞세운 위계적 보상 체계가 대표적이다. 여기에 김정일 정권에서는 항일투사들의 충성심(수령에 대한)을 앞세운 충성과 희생이 강조되었다면, 김정은 정권에서는 전쟁노병들의 '헌신과 희생(국가에 대한)'이 전면에 등장하고 그 이면에서 충성심이 강조되는 모양새다. 그리고 한편으로 독립유공자의 정신은 서서히 사라지고 있다.

2) '독립유공자'와 '반일애국열사'

남북한 보훈대상 비교에서의 공통점과 차이점은 북한에서의 '반일애국열사'와 남한에서의 '독립유공자'에 대한 정의(定意) 및 그에 따른 국가적·사회적 보상 체계의 내용이다. 첫째, 북한에서의 반일애국열사 및 그 유가족들은 김일성 빨치산과 무관하게 국내외 각지에서 일제에 항거하거나 독립운동을 위해 싸운 사람들과 그 유가족이다. 남한에서의 '순국선열'이나 '애국지사'에 해당하는 대상이라고 볼 수 있다. 다만 북한 체제 기여도에 따라 해석의 의미도 다를 수는 있지만, 전통적인 의미는 독립유공자이다. 둘째, 이들의 투쟁성이나 헌신성이 김일성의 업적이나 연고 관계로 이어지지 않는 한, 국가적 혜택(보조금 지급, 교육·취업·의료 등의 지원)은 1대손까지다. 남한에는 독립유공자들에 한하여 자녀 및 손자녀에 이르기까지 교육, 취업, 의료, 금융, 주택, 시설 지원 등에 이르는 세부적이고 체계적인 국가적 지원 및 보상 체계가 마련되어 있다. 셋째, 이 때문에 북한에서는 이른바 '독립유공자'들에 대한 조사 및 발굴 사업이 거의 진척되지 않거나 그 의미가 퇴색되고 있다. 이에 반해, 남한에서는 북한 지역 출신 혹은 북한 지역 독립유공자들에 대한 수훈 및 발굴 사업이 현재도 진행 중이다. 남북 통합 시대를 대비하여 북한 지역 독립유공자들에 대한 조사 사업이 데이터 확보 차원에서 현재형이다.

지금까지 국가보훈처에서 발굴한 북한 지역 출신 독립유공자는 총 2,319명이다. 그러나 2020년 현재 그 후손들은 찾지 못한 상태다. 독립유공자의 출신별 순위를 보면, 평안북도 706명, 평안남도(평양 포함) 490명, 함경남도 339명, 황해도 405명, 함경북도 269명으로 각각 30.4%, 21.1%, 19.4%, 17.5%, 11.6%순이다.*

---

* 공훈전자사료관 http://e-gonghun.mpva.go.kr/user/RewardDisList.do(검색일: 2020년 7월 20일).

3·1 운동 관여 대상은 황해도 출신이 242명으로 가장 많은 반면, 국외 항일운동(만주방면) 관련자는 평안북도 출신이 424명으로 가장 많다. 국내 항일운동 참여 유공자가 가장 많은 지역은 평안 남도로 109명이다.

〈그림 2〉 독립운동 유형별 유공자 현황(북한 지역 출신)

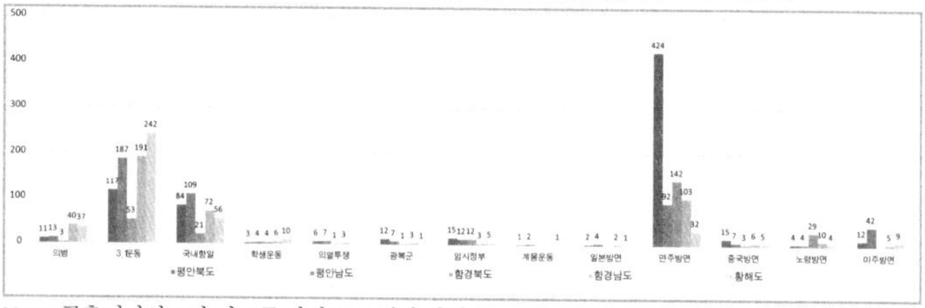

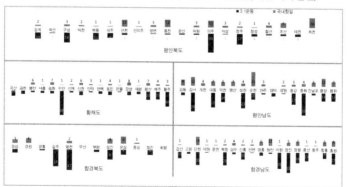

Note: 공훈전자사료관 자료를 바탕으로 필자 작성

〈그림 3〉 지역별 독립유공자 현황(3·1운동/항일운동, 북한 지역 출신)

Note: 공훈전자사료관 자료를 바탕으로 필자 작성

지금까지 남북 보훈 통합을 위한 교류 협력은 2019년 임시정부 수립 100주년을 맞으며 보훈처가 제기한 안중근 의사 유해 발굴 추진 사업이 유일하다. '독립'을 매개로 한 남북의 동질성 회복에 있어 가지는 의미는 크다. 하지만 여전히 남북 관계의 냉온탕 반복에 휩쓸려 추진 계획으로만 남아 있을 뿐이다. 북한 지역 독립유공자들에 대한 조사 및 발굴 사업은 남북 통합 보훈정책에 중요한 과제이다. 이는 이념과 체제를 떠나 애국(愛國)-애족(愛族)-애민(愛民)의 기본 정신에 입각한 낮은 단계의 통일 과정이고 통합과 화해의 정책으로 전환될 수 있는 기회의 장이기 때문이다. 남북 보훈정책의 통합 모색과 그에 따른 교류의 출발점은 바로 이곳에서 시작되어야 한다.

북한의 보훈과 제재,
법제는 현실 적합한가

: 믿을 수 있는 자와 믿을 수 없는 자의 구분

채 경 희_ 총신대학교 기독교교육과 교수

북한의 보훈과 제재, 그 법제는 현실 적합한가. 북한은 2,500만여 명의 주민이 살고 있는 작지 않은 국가이다. 지난 75년간 북한식 작동 원리는 주민들에 대한 동의와 강제로 작용하여 체제 유지에 이바지해 왔다. 특히 믿을 수 있는 자에 대한 보훈과 믿을 수 없는 자에 대한 제재 정책은 절대적인 충성심의 유도인 동시에 반발하는 자에 대한 무자비한 통제를 의미했다. 대외적으로 알려진 하나의 대가정에 반해 대내적으로 구분되어 있는 성분 제도는 시간이 지남에 따라 그 효력이 약화되어 주민들의 동의를 얻지 못하고 있다. 주민들이 공감하지 않는 법과 제도는 유명무실해지기 마련이다. 본 글에서는 북한의 보훈과 제재의 법제들을 살펴보고 그러한 법제들이 현실적으로 잘 적용되고 있는지에 대해 구체적으로 고찰하고자 하였다.

1. 들어가며

강력한 정치사상적 통일과 응집을 기반으로 유지되는 북한에서 보훈과 제재는 정치적 계층화에 따른 신분 이동으로 직결된다는 측면과 김일성-김정일-김정은에 대한 충성을 유도해 체제 유지에 적극 활용한다는 측면으로 특징지을 수 있다.

해방 후 김일성 정권은 사회구조를 재구성하는 과정에서 새로운 계급을 부여하였다. 과거 사회에서 구분되었던 지배계급과 피지배계급, 유산계급과 무산계급의 경계를 허물고 새로운 계급 정책의 일환으로 기본계급, 동요계급, 적대계급으로 분류하였다.

6·25 전쟁을 통해 한층 강화된 김일성 권력은 1960년대까지 자파 외의 공산당 계파들에 대한 대대적인 숙청을 단행하여 단일 권력을 형성하였다. 그 과정에 '믿을 수 있는 자'와 '믿을 수 없

는 자'로 구분하는 성분 분류 작업을 두 차례 실시해 3계층(기본, 동요, 적대), 51분류의 새로운 성분제를 확립했다. 인정된 유공자는 정치적으로 신분이 상승할 뿐 아니라 배급과 공급, 사회진출의 특권을 누릴 수 있다. 물론 그 위치는 김일성 권력 유지에 대한 기여도라는 주관적인 기준일 수밖에 없다.

유일 지도체계 및 후계 체제의 확립 과정에서 그 정통성 확보를 위해 '항일혁명운동'에 대한 소급된 해석이 이루어지면서 '항일투사'와 '투사가족', '유가족'이라는 용어는 독점적으로 사용되었다. 1930년대 구소련에서 '스탈린 형상화' 작업이 이루어진 것과 마찬가지로 김일성에 대한 '수령 형상화'에 결정적 역할을 하게 된 항일투사들과 유가족이 특별한 존경과 예우의 대상이 되고, 이른바 '백두산 줄기'라고 불리는 북한의 노멘클라투라가 등장하게 되었다. 그러나 이 특별한 계층 역시 '대를 이은 충성'을 강요받고 충성심을 검증받지 못하면 언제라도 내쳐질 수 있다.

국가보위부와 정치범수용소의 출현은 '적대 세력'의 완전한 숙청을 의미했다. 일제식민지 하에서 생산수단을 소유했던 자산가 및 일제 통치에 동조했던 친일 세력, 해방 후 기독민족주의 세력, 전쟁을 통해 드러난 친미 세력, 전후 복구와 국제공산당의 지시 집행 과정에서 빚어진 노선 갈등으로 인한 종파 세력 등 다양한 사람들이 적대계급의 청산이라는 명목 하에 정치범수용소로 이송되었다. 숙청된 적대계급의 남은 가족이나 추종했던 사람들을 '믿을 수 없는 자' 또는 동요계층으로 규정하고 그들에 대한 사상 교화 사업이 심화되고 감시와 검열·통제를 통한 충성 유도가 일상화되었다.

아직까지도 북한은 "계급적 원수의 본성은 절대로 변하지 않는다."는 나름대로의 명제를 가지고 '적대 세력'을 품어내지 못하고 있다. 북한의 보훈은 한마디로 적대 세력에 대한 제재를 전제하고 동반하는 사회적 자원의 불평등 배분 정책이라고 할 수 있다. 이는 사회통합의 의미로 작동해야 하는 보훈과는 거리가 멀다. 결과 보훈정책이 사회통합에 기여하기보다 분열적으로 작동하고 있다는 것에 그 문제점이 있다.

2. 보훈대상자의 발굴과 선택

1998년 9월 개정된 사회주의헌법 제76조에는 보훈대상자를 "혁명투사, 혁명렬사 가족, 애국렬사 가족, 인민군 후방 가족, 영예군인으로 국가와 사회의 특별한 보호를 받는 자"로 명시하였다. 구체적으로는 투사, 열사, 지사, 전사자, 피살자, 영예군인 등 명칭을 분류하여 사회보장 정책을 실시하고 있다. 나열된 명칭은 곧 서열을 의미한다. 북한에는 우리의 국가보훈처와 같은 단일한 담당부서가 없다. 항일투사에 해당하는 보훈대상자 정책을 담당하는 부서는 중앙당 6과이며, 기타의 대상은 내각 및 인민위원회 등에서 나누어서 정책을 집행하고 있다.

1) 김일성의 가계

북한에서 제일의 보훈대상은 김일성의 가계 및 친인척이라는 것은 가히 짐작할 수 있다. 김일성 자신이 항일무장투쟁 시기 '조선인민혁명군' 사령관으로 자처하고 있어 나라와 민족의 해방을 위해 투쟁한 일등공신으로 형상화되었기 때문이다. 직계인 김정숙과 김정일 역시 백두혈통으로 그 정통성은 항일로 귀결된다고 주장하고 있다.

함경북도 회령시 성천동에는 '7세대'가 위치해 있다. 7세대란 김일성의 부인이며 항일투사의 전형 중의 전형인 김정숙의 친인척들이 모여 살고 있는 곳을 가리켜 주민들이 붙인 이름이다. 중국의 동북 지역에서 뿔뿔이 헤어져 살던 김정숙의 친인척들을 찾아내어 고향인 회령에 함께 모여 살도록 했다. 1970년대 '수령 형상 창조'와 후계 체제 구축 과정에서 항일혁명 전통이 급부상하면서 7세대는 더욱 주목받게 되었다.

김정숙의 생가와 항일혁명 군복을 입은 동상, 업적을 전시한 사적관이 있어 전국의 주민들이 그를 따라 배우기 위해 답사하는 회령의 조용한 언덕에 커다란 독립 가옥들이 줄지어 들어서 있지만 삼엄한 경비와 높은 담장이 특징인 '7세대'를 방문해 본 사람은 거의 없을 것이다.

항일투사와 그 유가족들은 당중앙위원회 비서국 비준 대상에 속하며 유가족은 만경대혁명학원 졸업과 김일성종합대학 입학으로 이어지는 특수 교육과정, 본인이 원하는 곳에 갈 수 있는 특별한 직장 배치, 초고속으로 진행되는 조선노동당 입당 및 간부 등용, 봉화진료소 및 남산진료소의 의료 혜택, 식량과 부식물에 대한 특별 공급, 설날(1.1)과 태양절(4.15), 광명성절(2.16) 등의 국가적인 명절 때면 내려오는 최고지도자의 특별 선물, 생필품에 대한 특별 지원 등으로 압축된다.

7세대 역시 교육, 의료, 공급, 선물, 사회진출 등의 혜택이 주어졌다. 회령시 당위원회에는 7세대의 생활을 보장하기 위한 전담 부서도 설치되어 있어 그들이 생활에서 불편을 느낄세라 돌

본다. 또한 그들이 언제든지 찾아가 애로를 얘기하면 즉시 해결해 주어야 한다. 중앙당 조직지도부 10호실은 김일성 및 김정일의 가계 및 친인척들을 보살피는 특별한 기구이다. 나라의 사정이 아무리 어려워도 그들에게는 최상의 생활 조건을 보장해 주기 위해 부서는 열심히 외화벌이를 해야 한다.

1970년대 후계 체제 형성 과정에서 항일혁명의 전형으로 생모 김정숙에 대한 우상화 작업이 대대적으로 진행되면서 일제강점기 그가 활동했다는 양강도와 고향 회령이 그 중심에 서 있었다. 1980년대 들어 양강도 신파군은 김정숙군으로, 혜산사범대학은 김정숙사범대학으로, 회령교원대학은 김정숙교원대학으로, 회령산원은 김정숙산원으로, 회령중학교는 김기송(김정숙의 동생)중학교 등으로 개편되었다. 김일성과 가계의 이름을 딴 대학교로 김일성종합대학, 김일성정치군사대학과 더불어 김정일군사대학, 김형직사범대학, 강반석유자녀학원, 김철주사범대학, 김형권사범대학 등이 있다. 대성산혁명렬사릉에는 김정숙, 김철주, 김형권 등이 반신상과 함께 안장되어 있다.

2) 항일과 독립, 투사와 열사

북한이 헌법에서 명시한 혁명투사는 항일투사와 독립투사로 구분된다. 항일무장투쟁 시기에 김일성과 함께 무장투쟁에 참가했던 '조선혁명군' 출신들은 항일투사로 분류된다. 1970~1980년대 북한에서 김일성의 '수령 형상 창조'를 위해 영화와 문학작품들이 대거 쏟아져 나왔다. 영화 〈조선의 별〉과 〈민족의 태양〉을 통해 항일무장투쟁은 김일성의 빨치산파만의 투쟁으로 묘사되고 등장인물들은 대표적으로 항일투사에 속한다. 항일투사에 대한 특별한 존경과 예우로 말미암아 주민들 속에서는 친인척들 중 그런 인물을 찾기 위한 노력을 기울이고 있는 사람들이 적지 않다. 〈조선의 별〉에 등장하는 차광수라는 인물의 딸을 전후 중국의 동북3성에서 어렵게 찾아내어 평양으로 데려와 극진히 보살폈으나, 1980년대 그녀가 진짜 딸이 아님이 밝혀진 사건이 있었다. 투사들이 김일성에게 차광수의 진짜 딸이 아니었음을 고백했으나 김일성은 "그런 건 그렇게 중요하지 않아. 밖에 알리지 말고 그대로 잘 돌봐 줘라."라고 지시했다고 전해졌다. 이렇듯 항일투사가 수령 형상화에 미치는 영향이 지대하였음을 알 수 있다.

1930년대 항일혁명운동에 참가한 혁명의 1세대라고 불리는 항일혁명투사들은 대성산 주작봉마루의 혁명렬사릉에 안치되어 있다. 대표적으로 김일, 김책, 리을설, 오진우, 최광, 최용건과 같은 인물들을 포함해 약 160명이다. 대성산혁명렬사릉에 안장된 이들의 가족들은 '유가족'으로 분류되어 최고의 특권을 가지게 되었다. '수령과 함께 영생'하는 삶을 살고 있는 항일투사들의 이름을 붙인 대학교로 오중흡사범대학, 차광수사범대학 등이 있으며 대학생들의 충성심을 유도하기 위한 상징적인 역할을 담당하고 있다.

「항일혁명투사들에게 조선민주주의인민공화국 로력영웅칭호를 수여함에 대하여」(1992.4 .23.), 「항일혁명투사들에게 조선민주주의 인민 공화국영웅칭호를 수여함에 대하여」(1992.4.23.), 「조국해방전쟁 승리 40돌 기념훈장을 제정할 데 대하여」(1993.3.10.)에서 보는 바와 같이 공화국영웅, 노력영웅, 김일성훈장과 같은 각종 훈장과 기념 메달과 명함 시계 수여를 통해 그들의 정치적 위상과 명예를 드높여주고 있다.

1980년대 중후반 평양시 형제산구역 신미동에 '애국렬사릉'을 세웠다. 독립지사는 김일성과 함께 '조선인민혁명군'에서 투쟁하지는 않았으나 항일과 독립투쟁에 앞장섰던 사람들이다. 이러한 반일애국지사들을 포함해 해방 후 북한에서 고위 간부로 활동한 정치인들과 정권 수립을 지지했거나 동조했던 사람들, 해방 후 격동기나 한국전쟁 중에 남에서 북으로 간 민족주의 인사, 한국전쟁 시 비전투원으로 희생된 자, 공로가 많은 재일동포 기업인, 사회주의 건설을 위해 헌신한 자, 비전향장기수, 학자, 예술인, 체육인, 문인, 종교인, 여성계 지도자 등을 비롯해 선군시대의 군고위급 장성들과 원수, 차수급 지도자들도 모두 이곳에 있었다. 880여 기로 '대성산혁명렬사릉'의 5배가 넘는 규모이다. 이곳에 안장된 대표적인 인물로 이준, 홍명희, 홍범도, 김좌진, 최동오, 고진히, 김용범, 강량욱 등이 있다.

애국열사릉을 세워 한반도의 애국적인 인물들을 광범위하게 포함시켜 안장하고 예우를 갖추는 이유에 여러 해석이 있겠으나 민족의 정통성이 북한과 평양에 있음을 과시하기 위한 조치로 보인다. 민주화의 물결로 '시국이 혼란한 남조선에 대한 통일전선전략'과 북조선 체제의 우월성 과시에 전력을 기울이고 있던 1980년대 중반 화성의숙의 설립자 최동오의 아들 최덕신의 평양행은 매우 고무적인 사건이었다. 그 후 더욱 박차를 가하여 민족의 정통성이 '고조선-고구려-고려-북한'으로 이어질 수밖에 없다는 주장과 논리들을 폈다. 따라서 민족의 정당성을 확보한 평양

(김일성)에 의한 통일은 정당한 것으로 '통일된 한반도의 수도'에 걸맞게 남북과 해외를 아우르는 영웅들을 평양에 품으려는 시도로 풀이된다.

'혜산애국렬사릉'에는 해방 전에 국내에서 반일운동을 하였던 갑산공작위원회 인물들이 대부분 안치되어 있다. 2008년 애국열사릉을 각 지방에도 신축해 현재 평안남도 평성, 강원도 원산, 황해북도 사리원 등 각 도의 도 소재지들에 있다. 북한의 중앙 및 지방의 고위 간부들은 중앙당 비서국 비준 대상들로 그들의 조부모나 부모는 대성산혁명열사릉과 혜산혁명열사릉, 신미리애국열사릉 등에 안치되어 있다고 할 수 있다.

3) 공화국영웅, 전사자, 피살자

한국전쟁은 많은 사상자를 냈다. 북한은 전선에서 사망한 적지 않은 사람들에게 공화국영웅과 전사자의 칭호를 부여하고 후방에서 사살된 사람들에게는 피살자의 자격을 부여하였다. 가장 대표적인 공화국영웅은 리수복이다. 김일성의 방송연설 "모든 힘을 전쟁의 승리를 위하여"를 듣고 18세의 어린 나이에 전선에 탄원하여 적의 화구를 몸으로 막았다는 내용은 교과서뿐 아니라 학생과 주민의 교양 자료로 활용되고 있다. 「영생의 삶을 지닌 영웅전사, 공화국영웅 이수복 동무에 대한 이야기」를 포함한 많은 글들이 나와 있다.

1950년 7월 1일에는 전쟁에서 특출한 공훈을 세운 조선인민군 전사, 하사관, 3급 군관 및 유격대원들에게 주는 영예훈장 제1급, 제2급을 제정했다. 1950년 7월 7일에는 「전쟁에서 용감성과 대담성, 강의성을 발휘하며 능숙한 지휘로써 부대의 전투를 승리적으로 보장하는 데 크게 기여한 지휘관들에게 자유독립훈장 제1급, 제2급을 제정할 데 대한 정령」을 발표했다. 1951년 12월 25일 부상자, 사망자를 포함해 25만 9,818명에게 메달과 훈장을 수여하였고, 후방에 있는 그들의 유가족에 대한 국가적 보호와 물질적 보상을 위한 대책을 세웠다. 1951년 「조국해방전쟁에서 불구자로 된 인민군 장병 및 빨치산들을 위한 영예군인학교 설치에 관하여」, 1953년 「제대군인 및 영예전상자들의 직업 알선과 취학 조건을 보장할 데 대하여」를 제시하여 한국전쟁 시기 상이군인, 즉 영예군인은 '가장 믿을 수 있는 자'로 분류하여 각별하게 우대했다. 아울러 '미 제국주의 침략자들과 그 주구 리승만 매국역도들을 반대하여 싸우는 과정에서 육체적 불구자'로 된 사람들에 대해 각급 간부양성소, 기술학교, 전문학교, 대학 등을 통해 전문적인 교육을 받게 하였으며, 국가 관리 부문, 경제건설의 기술 부문, 교육문화 부문, 보건 부문에서 간부로 키웠다.

한국전쟁의 영웅들을 주인공으로 하는 영화를 만들어 그들의 치적이 상세하게 알려졌다. 영화 〈월미도〉는 맥아더의 인천상륙작전을 3일이나 지연시켰다는 이대훈 중대장의 이야기를, 〈언제나 한마음〉은 주인공 정순이가 피살된 남편의 뒤를 이어 철생산을 위한 용광로의 내화벽돌을 자체로 생산하여 인민군에 무기를 정상적으로 보급한다는 내용으로 구성되어 있다. 공화국영웅이나 전사자, 피살자의 영웅담은 나라와 민족에 대한 애국애족심보다는 김일성에 대한 남다른 충성심에서 비롯된 것으로 해석한다. 선대의 뒤를 이어 충성을 다해 가는 남은 가족이나 후대들은 가장 '믿을 수 있는 자'들로서 그에 대한 보상은 당연하다는 논리로 자연스럽게 이어졌다. 1957년 내각결정 제133호, 「교과서 및 학용품 무상급여에 관한 규정」을 살펴보면 교과서 및 학용품을 무상으로 급여하는 7부류의 대상 중 5부류가 유공자 자녀에 해당한다.

제1조. 「전반적초등의무교육제실시에 관한 법령」(1949.9.10.) 및 「전반적중등의무교육제를 실시하며 기술의무교육제 실시를 준

비할 데 대하여」(1958.10.2.)에 근거하여 애국렬사의 유자녀 및 국가적 방조를 받는 일부 공민의 자녀들에 대한 교과서 및 학용품의 무상급여는 본 규정에 의한다.

제2조. 교과서 및 학용품을 무상으로 급여하는 대상은 다음과 같다. 1. 조국의 해방과 독립을 위하여 일본 및 기타 외래 제국주의자들을 반대하여 헌신적으로 투쟁하다가 희생된 혁명투사의 유자녀. 2. 미제국주의자들의 무력 침공을 반대하는 조국해방전쟁에 참가하여 전사하였거나 또는 일시적 후퇴 시기에 적들과 투쟁하다가 희생된 애국렬사의 유자녀 중 무상급여를 필요로 하는 자. 3. 인민군대 및 내무성 경비대의 전사, 하사의 자녀 중 무상급여를 필요로 하는 자. 4. 로동 능력을 상실한 로동자, 사무원의 자녀 5. 전사영예훈장 제1급 및 제2급을 수여받은 자의 자녀 중 무상급여를 필요로 하는 자. 6. 생활형편이 곤난하여 지방자치세를 면제받는 자의 자녀. 7. 한 세대에서 학교에 취학하고 있는 학생이 5명 이상일 때 그중 인민학교 또는 초급중학교에 취학하고 있는 학생 중 무상급여를 필요로 하는 자. (중략)

제4조. 교과서는 매 학년 15일 전에 급여하며 학용품은 학기로 구분하여 매 학기초에 급여한다.

제5조. 본 규정 제2조에 해당하는 인민학교 및 초급중학교 재학

생들, 기타 장거리 버스 또는 승선으로 통학하는 학생에게는 승차권과 승선권을 무상으로 교부한다. (중략)

제7조. 본 규정은 1958년 11월 1일부터 실시한다.

인민군 후방 가족은 인민군 현역 장병의 가족을, 영예군인은 한국전쟁의 참전 및 군복무 중 부상으로 불구가 된 자를 지칭한다. 북한의 법령에서 규정된 "불구로 된 자, 전사자, 유가족" 등과 같은 명칭은 현재 애국열사, 영예군인 등의 용어로 사용되고 있다. 이들의 추존은 중앙인민위원회에서 직접 행하며 "정령"의 이름으로 발표된다.

4) 평화 시기 희생자, 영예군인

평화 시기의 노력영웅이나 공로자에 대한 논의는 적지 않은 논문에서 언급하였기에, 평화 시기에도 존재하는 전사자의 사례를 들어 얘기하고자 한다.

22호 정치범수용소의 약국장이었던 한 모 씨는 1980년대 교통사고로 사망하였다. 22호는 교통이 매우 불편한 산간벽지에 위치해 적대 세력들 중 가장 '악질적인' 세력 1만 명 이상이 수감되어 있는 곳으로 알려졌다. 좁은 육로로만 이동이 가능하여 22호 내의 직원들은 자동차로만 이동할 수 있다. 그날도 자동차로 몇 십리 길을 달려 시내로 내려와 업무를 보려던 중, 도로 사정이 좋지 않은 길을 달리던 자동차가 전복되는 사고를 당했다. 이 교통사고를 해석함에 있어 여지가 있었다. 부주의로 해석하면 단순 교통사고이지만 '적들의 책동'에 의해 타이어의 일부 나사가 빠져 전복된 교통사고로 해석되면 결과는 달라진다. 한 모 씨는 후자로 해석되어, 평화 시기임에도 적대계급의 준동에 의해 전사한 '전사자'의 칭호를 받게 되었다. '전사자'로 분류되면 자녀는 혁명학원에 입학할 기회를 갖는다. 만경대혁명학원 외에도 강반석유자녀학원, 남포혁명학원, 해주혁명학원 등의 혁명학원이 있는데 한 모 씨의 아들은 남포혁명학원에 입학하였다. 초등학교 과정부터 혁명학원 과정을 이수하여 대학 입학, 직장 배치, 조선노동당 입당, 간부 등용 등에서 상당한 혜택이 주어지기 때문에 군이나 보위부, 안전부와 같이 '적대계급'과의 전초선에서 사망한 사람들의 가족들은 '전사자'로 등록하기 위해 안간힘을 쓰며 그중 일부는 희생이 인정되어 전사자로 등록된다.

　영예군인을 우대하는 전통은 지속되어 평화 시기 조선인민군에 복무하면서 상해를 입은 영예군인에 대해 우대해 줄 것을 온 사회와 전체 인민에게 확산시켰다. 1993년 2월에 열렸던 조선사회주의청년동맹 제7차 대회에서 만 사람의 심금을 울리며 격정적인 토론을 하여 전국의 스타가 된 아리따운 처녀가 있었다. 1·17제지공장(날짜를 붙인 공장 이름은 대체로 김일성의 현지지도 일자) 사로청위원장이었던 이순실이 산하의 초급단체 위원장 세 명과 함께 군복무에서 부상을 입어 반신불수가 된 영예군인들과 각각 결혼하고 그것을 전국으로 확산시키기 위해 세 여성은 조선노동당 입당과 함께 '사로청7차대회'에 참석하는 명예를 거머쥐게 되었다. 대회 참석 후 휠체어를 탄 남편들과 고향으로 돌아오자 당국은 열렬한 환영 행사를 열어주고 그들이 살 집과 가전제품을 장만해 주고 살림 도구들을 마련해 주면서 선전선동에 활용했다. 전쟁 시기에는 간호병으로 참전해 부상병들을 자신과 같이 돌보는 것이 당에 대한 충실성이었다면, 평화 시기에는 영예군인과 결혼하여 그들을 극진히 돌보는 것이 당에 대한 충실성의 표현이라는 논리이다. 이를 계기로 전국의 처녀들이 영예군인에게 시집을 가도록 유도하는 운동이 벌어졌다. 영예군인이 된 남자를 사랑하여 결혼하고 그가 사망한 후에도 시어머니를 모시고 홀로 사는 모습이 그려진 영화가 나와 많은 이들이 '실효투쟁'을 하고 이에 동참하자고 호소했다. 그 결과로 많은 처녀들이 영예군인에게 시집을 가게 되었다. 그러나 1995년 이후 '고난의 행군'과 함께 영예군인에게 시집을 가는 대중운동도 시들해졌다.

북한에서 군인의 복무 기간은 10년 이상이다. 특수병종은 무려 13년에 달한다. 평화 시기에 영예군인이 많이 발생할까 싶지만 온갖 건설에 군인들을 동원시키다 보니 사고로 인한 상해가 적지 않게 발생하고 있다. 북한이 그토록 자랑하는 "20리 날바다 위에 세운 남포의 서해갑문"은 많은 군인들의 희생에 의해 세워진 갑문이다. 건설 장비가 없거나 부족하여 온전히 군인들의 육체적인 힘을 활용하여 건물과 교량을 세우게 되고, 현장에서 인명 피해는 비일비재할 수밖에 없다. 2000년 이후에는 '131연구소' 산하의 우라늄 시설, 영변 핵시설, 평산 우라늄 광산에 군인들이 동원되어 젊은 나이에 치아가 빠지고 머리가 백발이 되는 영예군인들이 적지 않게 발생하고 있다.

이런 수많은 영예군인들에게 '영예군인증'을 발급해 주는데, 특별한 경우가 아닌 영예군인은 국가가 돌봐 주지 않아 사회적 문제가 되거나 낙오자로 전락하기도 한다. 시군별로 별도의 영예군인 공장을 만들고 신체장애 등급에 따라 일하고 유급으로 배급과 생필품을 공급받도록 하는 제도는 있으나, 공장 가동이 정상적이지 않은 북한의 실정에서 영예군인들은 어렵게 삶을 지탱하고 있을 뿐이다.

3. 제재 대상의 분류와 조치

1) 아적 관계의 설정

북한의 정치용어사전에서는 계급을 "사회발전의 일정한 단계에서 경제적 처지에 의하여 구분되는 사람들의 큰 집단"으로 규정한다.

해방 후 민주조선 건설은 반제반봉건혁명을 수반했다. 한마디로 제국주의적이고 봉건적인 요소의 척결이다. 구체적으로는 일본 제국주의의 잔재 요소와 지주 등의 봉건 요소를 제거하는 것이다. 이에 더하여 기독교는 서양 종교로서 제국주의적인 요소로, 불교는 봉건적인 요소로 규정하고 구사회계급 해체의 대상에 포함되었다. 구체제의 해체는 구사회 지배계층의 경제적인 토대, 물리적인 토대를 없애는 것을 전제로 한다. 따라서 친일 자본가들의 공장을 국유화하고 지주의 땅을 몰수함에 있어 계급 정책을 실시했다. 당시 전체 인구의 3/4이 농민으로, 노동자에 비해

압도적인 비중을 차지하던 농민계급을 앞세워, 적대계급으로 규정한 지주는 청산하고 부농은 고립시키며 중농은 동맹연대를 강화하는 정책을 실시해 단시일 내에 지주제를 몰락시키고 100만 정보의 토지를 몰수했다. 반제반봉건적인 사회개혁에서 노동자와 농민은 혁명의 동력으로 등장하고, 기득권을 가지고 있던 지주와 자본가, 종교단체는 변혁의 대상이 된 것이다.「토지개혁법령에 관한 세칙」에 따르면 다음과 같은 조항들이 있다.

〈제2조〉① 일본 국가·일본인 및 일본인 단체의 소유지 ② 조선민중의 반역자, 조선민중의 이익에 손해를 주며 일본 제국주의자의 정권기관에 적극 협력한 자의 소유지 〈제3조〉① 일본 제국주의(일본, 일본인 및 일본인 단체), 민족반역자, 5정보 이상 소유한 조선인 지주의 소유지 ② 자경하지 않고 전부 소작 주는 자의 토지 ③ 면적 여하를 막론하고 계속적으로 소작 주는 전(全) 토지 ④ 5정보 이상 소유한 성당, 승원, 기타 종교단체들 소유 토지 〈제3조〉'근' 항에 의하여 5정보를 초과하는 토지를 소유한 교회, 승원 및 기타 종교단체의 토지는 몰수한다. 이 항은 자기의 토지를 소작 주거나 고용 노력으로 경작하는 방법으로써 농민과 고용농민을 착취할 목적으로 이용하는 교회와 승원에 한한 것이고 자기의 노력으로 경작하는 교회, 승원 및 기타 종교단체의 토지를 몰수한다는 것은 아니다. 첫째 예, 12정보의 토지를 전부 소작 주는 교회의 토지는 전부 몰수한다. 둘째 예, 8정보의 토지 중에서 5정보는 고용 노력으로 경작하고 3정보는 소작 주었던 그 교회의 토지는 전부 몰수한다. 셋째 예, 9정보의 토지 중에서 3정보는 자력으로 경작하고 6정보는 소작을 주었다면 소작 준, 6정보만 몰수한다.

하루아침에 물질적인 토대를 전부 잃은 기득권 계층은 아무런 힘을 발휘할 수 없었다. 평안도와 황해도 서북 지역에서 적지 않은 토지를 가지고 있던 유산자들은 월남하였으나 함경도 지역의 지주나 부농층은 지지하고 살아남든지, 반대하고 청산되든지 중의 택일에 놓여 있었다. 함북 회령군의 벽성면에서 유일한 12칸 기와집을 가지고 살던 부농 박 모 씨는 토지개혁이 시작되자 바로 집과 땅을 내놓아 애국부농이 되었다. 사연인즉 소작을 부치던 빈농들이 어느 날 완장을 차고 토지개혁에 앞장서게 되었는데, 평소에 박 모 씨의 덕을 많이 본 사람들이라 그에게 청산되지 않는 방법을 알려준 것이었다. 이처럼 당시 한 동네에서 어울려 지내던 사람들끼리 아·적(我·敵)으로 나뉘어 혁명을 수행하면서 골 깊은 상처를 남겼다.

2) 반혁명 세력에 대한 규정

김일성 정권에 있어 한국전쟁은 '믿을 수 있는 자'와 '믿을 수 없는 자'를 가려내는 중요한 시기였다. 연합군이 일시적으로 북진했을 때 김일성 정권에 동조하지 않았던 적지 않은 사람들이 연합군을 환영하거나 치안대, 유격대를 만들어 연합군의 활동을 지원했다. 함흥 지역에의 반공적인 주민들도 미군 입성을 환영하고 미군과 함께 추수감사절을 보냈다. 1·4 후퇴 이후 연합군에 협조하거나 반공단체에 가담한 사람들에 대한 처형과 투옥을 실행했다. 1951년 초 「반공단체 가담 처벌에 관한 결정」과 「군중 심판에 관한 규정」 등의 조치를 통해, 전쟁이 발발하자 반공단체에 가담했거나 연합군에 협조한 사람을 색출하였다. 연합군과 함께 월남하지 못한 사람들은 인민재판에 의해 공개적으로 처형되거나 수용소에 수감되었다. 미군의 공중 폭격으로 잿더미가 된 평양과 지방에서 수많은 사상자들로 인해 일반 주민들의 미제국주의에 대한 증오심은 끓어올랐고, 미군에 동조한 사람들에게 고스란히 그 화살이 돌아갔다. 전쟁 기간 중에 행해진 몰락한 기득권층과 기독교인들의 반공 활동에 대한 주민들의 적대 의식이 극도로 강해졌다. 한국전쟁이 끝나자 '믿을 수 없는 자'들에 대한 더욱 혹독한 탄압이 시작되었다. 전후 중공업 우선 발전 노선을 둘러싼 갈등은 3개년 계획 기간에 20%에 가까운 경제성장률을 보이며 김일성의 승리로 마무리되었다. 흐루쇼프의 스탈린 격하 운동 전개에 대한 지시 역시 연안파와 소련파의 숙청으로 북한에서는 남의 얘기가 되었다.

1955년 4월 「계급교양을 강화할 데 대하여」와 1958년 3월 7일 「당사업을 개선할 데 대하여」가 발표되고 1958년 5월 30일 당중앙위 상무위원회는 「반혁명분자와의 투쟁을 전군중적으로 전개할 데 대하여」를 결정했다. 1958년 8월부터 '인텔리 개조운동'을 전개하였으며 1958년 11월 20일 「공산주의 교양에 대하여」와 1959년 2월 25일 「조선로동당 중앙위원회 2월 전원회의에서 한 결론」에 의해 '믿을 수 없는 자'들은 교화와 혁명의 대상이 되었다. 다시 말해 '믿을 수 없는 자'들에 대한 대대적인 처형과 추방사업을 단행했다. 북한의 작가 천세봉의 소설 「석개울의 새봄」은 농업협동화 시기 계급투쟁을 사실적으로 보여주는 작품이다. 당시 농업협동화를 반대했던 구사회의 기득권층의 반혁명적 책동을 그려냈다.

‘믿을 수 없는 자’들은 언제나 김일성의 정책을 반대하는 자들로 김일성 정권이 전복되기만을 바라며 호시탐탐 기회를 엿보고 미군이 다시 올라오기를 간절히 기다리는 사람들로 선전하고 있어 미군에 의해 피해를 당한 주민들의 적개심을 고취시켰다.

3) 성분 분류 사업

『조선말대사전』에는 성분에 대해 "사회계급적 관계에 의하여 규정되는 사람들의 사회적 구분, 곧 사람들의 사상 상 구성성분으로서 어떤 계급의 사상 상 영향을 많이 받았고 어떤 계급의 사상이 그의 머리속을 지배하고 있는가 하는 것을 알기 위하여 출신과 직업, 사회생활의 경위에 의하여 사회성원을 사회적 부류로 나눈 것"라고 정의하고 있다. 1958년 12월 시작된 성분 분류 사업을 진행함에 있어 출신성분과 사회성분을 분류 기준으로 삼았다. 출신성분은 ‘태어날 때 그 가정이 처한 사회계급적 관계에 따라 규정되는 성분'으로 부모가 과거 사회에서 재산을 소유했던 정도와 민주 건설과 전쟁 시기에 취한 입장과 태도를 보는 것이다. 사회성분은 당사자의 직업이나 사회생활 정형을 근거로 하는 성분이다.

먼저 구사회의 계급적 토대가 좋은지 나쁜지에 의해 성분이 좋은 사람, 성분이 나쁜 사람으로 구분되는데 성분이 좋은 부류에는 기본계급의 출신들인 노동자, 빈농, 고농 등으로 계급적 토대가 좋은 사람들이다. 성분이 나쁜 사람 또는 계급적 토대가 나쁜 사람이라 불리는 부류는 지주, 기업가, 종교인, 일제 치하 관리 등으로 구사회의 착취계급 출신들이 속하며, 이들은 믿지 못할 사람들로, 배제되어야 할 대상이다.

여기에 민주 건설 시기와 6·25 전쟁 시기의 공로나 피해 정도, 행적이 추가되어 자세하게 그리고 전면적으로 분석되었다. 핵심계층으로 기존 혁명가 가족 외에 전사자, 피살자 가족이 합류했으며 적대계층으로는 기존의 계급적 토대가 나쁜 사람들에 월남자, 연합군에 협력했던 사람들이 추가되었다. 3형제 중 맏형과 둘째 형이 월남한 강 모 씨는 10대의 나이에 홀로된 어머니와 함께 아오지 탄광으로 쫓겨 갔다. 성분이 나쁘다는 이유로 서른을 훌쩍 넘겨서야 같은 출신성분의 여인과 결혼하여 슬하에 3녀를 두었다. 아오지 탄광으로 옮겨간 지 30년 가까이 된 1984년, 월남했던 맏형이 캐나다의 유명한 공과대학의 교수가 되어 부모의 묘소를 찾아 조국 방문을 온다는 소식이 왔다. 당국은 탄광의 하모니카 주택에서 5인 가족이 살던 강 모 씨네를 시내의 번듯한 아파트로 옮겨주고 도배와 장판을 해 주는가 하면 강 모 씨를 탄부에서 공장 노농자로 이동시켰다. 딸들 역시 시내의 크고 좋은 학교로 전학해 왔다. 그러지 않았다면 강 모 씨의 딸들은 아오지 탄광에서 평생을 보냈을 것이다. 오지의 탄광에는 대부분 강 모 씨와 같은 처지의 사람들이 일하고 있다. 김일성의 단일 지도 체제 확립과 맞물려 진행된 성분 분류 작업은 수령에게 충성을 다해 왔고 대를 이어 충성을 다할 것으로 짐작되는 사람들과 그렇지 않을 것으로 짐작되는 사람들을 정확히 구분해 내어 완벽한 주민 통제를 구현하려는 의도에서 비롯되었다.

4) 제재 대상에 대한 불이익

1950년대 말경 시작되어 1960년대 초까지 실시된 체포, 수감, 추방으로 적대계급이 대대적으로 청산되었다. 이어 1962년 8월 당 4기 4차 전원회의 결정「공산주의 교양을 더욱 강화할 데 대하여」, 1964년 2월 당 4기 8차 전원회의 결정「각계각층 군중과의 사업을 더욱 강화할 데 대하여」, 1965년 6월 당 정치국 결정「전국적으로 전반적으로 전 주민을 대상으로 한 주민등록사업을 실시할 데 대하여」, 1967년 5월 당 전원회의 결정「당의 유일

사상체계 확립을 위한 교양사업을 더욱 강화할 데 대하여」 등의 집행 과정을 계기로 또 다시 전체 주민에 대한 전면적인 조사 사업이 벌어졌다.

그러고도 1968년 초의 푸에블로호 납치 사건과 1976년의 판문점 도끼 사건으로 말미암아 또다시 많은 사람들에 대한 강제 추방과 이동을 단행했다. 논리인즉 미 제국주의와의 전쟁이 발발하게 되면 조금이라도 의심되는 자들이 그들에게 합세할 테니 평양과 그 이남 지역에서 살고 있는 사람들을 북쪽으로 이동시킨다는 명분이다. 6·25 전쟁 당시 서울의전을 다니던 서 모 여대생이 의용군으로 조선인민군에 입대했다. 전후 평양의과대학을 졸업하고 평양의 의사로 근무하고 있었다. 그러나 의용군도 남조선 출신으로 믿을 수 없는 자로 분류되어 함북 오지의 탄광으로 추방되었다. 평양의대를 졸업하고 의사로 있던 최 모 씨의 부부도 지리산 빨치산 고진히 대장의 고종사촌이라는 이유로 함북의 부령으로 조동되었다. 1960~1970년대 '믿을 수 없는 자'에는 남조선 연고자뿐만 아니라 소련이나 중국의 연고자들도 속해 있었다. 북한으로 들어온 고려인들과 문화대혁명을 피해 들어온 사람들도 믿을 수 없기는 마찬가지였다. 당시에는 장애인을 가진 가정들도 지방으로 내려보냈는데, 아들이 말을 절반 정도 못한다는 '반벙어리'라는 이유로, 남편이 작업장에서 팔을 다쳐 '불구자'가 되었다는 이유로 지방으로 내려왔다. '믿을 수 없는 자'들에 대해서는 출세의 필수 과정으로 여겨지는 대학 입학과 조선노동당 입당은 물론 배급 및 공급 체계와 직업 및 직장 배치와 같은 사회진출에서도 차별이 역력히 드러나 있었고, 거주와 결혼 그리고 법을 적용함에 있어서도 차별이 존재했다.

믿지 못하기에 배제되어야 할 대상들은 자녀들에 대해 대학 입학의 기회를 제한했으며, 군복무를 10년씩 하고도 조선노동당 입당이 여의치 않았다. 탄광부나 농민으로 밀려난 '믿지 못할 자'들은 대대손손 그 위치를 벗어날 수 없도록 구조화하여 좋은 직장으로의 이동이 불가능했다. 앞서 본 사례에서와 같이 성분이 나쁘면 결혼 상대를 구하기도 쉽지 않았으므로, 자신과 비슷한 처지의 대상자와 결혼할 수밖에 없어 계층의 고리를 끊어낼 수 없게 만들었다. 주거의 경우에는 7~8평 남짓한 하모니카식 주택에 4~5인 식구가 사는 경우가 허다했으며, 대중교통이 없는 곳에 살고 있어 시내로 한번 나오는 것은 보통 일이 아니었다. 몇십 리를 걸어 다닐 수밖에 없었고, 여행에서도 불이익이 적용되어 파출소의 허가를 받는 것이 쉽지 않았다. 더욱이 심각한 것은 같은 유형의 불법을 저지르더라도 '믿을 수 있는 자'의 자녀는 용서되거나 가볍게 처벌받지만 '믿을 수 없는 자'의 자녀는 용서받지 못함은 말할 것도 없고 혹독한 처벌을 받는다. 대부분 단순 범죄의 경우에도 계급적 토대가 좋지 않기에 빚어진 결과로 해석되며, 그 근원은 사상이 불온하기 때문이라고 결론짓는다. 수감자와 추방자의 경우에는 배급량을 현저하게 줄이는가 하면 생필품이나 부식물 공급은 매우 약소하였다.

5) 믿을 수 없는 자의 산생

성분 분류에 따른 차별정책의 부작용은 심각했다. 얼굴 한 번 본 적 없는 친인척으로 인해 억울하게 제재를 받는 사람이 적지 않았다. 민심은 불안해졌고 성분이 좋은 사람과 성분이 나쁜 사람은 도저히 섞일 수 없는 물과 기름 같았다. 서로 경계하고 믿지 못했다. 이러한 폐단을 의식해서인지 1980년 10월 후계자로 공식 발표된 김정일은 '광폭정치'의 구호를 내건다. 소위 사회정치적 생활 경력이 복잡한 사람이라 할지라도 '당을 진심으로 믿고 따르면' 과거를 용서하고 너그럽게 포용하겠다는 정책이다. 이를 반영한 가장 대표적인 영화가 〈보증〉이다. 많은 이들이 성분이 나쁜 사람들이 겪는 시련에 대해 공감했다. 또 하나의 사례는 1986년부터 실시한 "전국대학 입학예비판정시험" 제도이다. 그때까지 성분이 좋은 학생들만 추천을 통해 대학 입학 본고사를 치를 수 있게 하는 제도를 폐지하고, 전국의 모든 고등중학교 졸업생은 정무원 시험이라고도 불리는 예비판정시험을 보고 성적순으로 대학 입학 본고사를 치른다는 취지이다.

1990년대 들어 북한에는 또다시 믿을 수 없는 자들이 마구 양산되었다. 동구권의 붕괴와 제국주의자들과의 첨예한 대결에서 새롭게 등장한 '믿을 수 없는 자'들이다. 북한은 이 시기를 사방에서 적이 포위하고 있는 최악의 시기로 인식하고, 조금이라도 의심되면 바로 적과 내통하는 자들로 치부했다. 1993년에 일어난 "프룬제군사대학 사건"은 구 소련 시기 프룬제군사대학으로 유학을 갔던 인민무력부 산하의 군관들에 대한 대대적인 처형 사건이다. 이어서 일어난 함북 청진의 "6군단 사건"은 중국을 통해 '적과 내통하여' 수도 평양을 전복하려 했다는 사건으로 유명한데, 당시 함경북도 당의 비서들과 6군단의 간부들이 대거 처형되었다. 또한 구 소련 시기 KGB 교육기관에 유학했던 보위원들에 대한 대규모 숙청 사건에 이어, 농사를 망치도록 '책동'했다는 농업담당비서 서관희 처형 사건과, 농업상 김만금에 대한 부관참시까지 일어났다. 어젯날의 동지가 적으로 둔갑하는, 누구라도 믿을 수 없는 자로 낙인되던 시기였다. 특권층인 노동당의 비서들도 하루아침에 제재 대상으로 처형되고, 급기야 1997년 2월 황장엽 전 노동당 비서의 탈북 사건까지 줄을 잇는다. 미·일 제국주의와 남조선과의 연관뿐 아니라, 대한민국과 수교한 러시아와 중국과의 연관성까지 따져 모두가 잠재적 제재 대상이 된 것이다.

1998년 전국을 떠들썩하게 하는 사건이 있었다. 함북 청진 포항 구역에서 교장과 부교장들을 포함한 20명의 교사들이 농촌으로 쫓겨 가는 일이 벌어졌다. 사연인즉 4년 전 학교를 졸업하고 군에 입대한 최 씨 성을 가진 군인이 술자리에서 "내가 대통령이 될 터이니 두고 봐라."라고 한 발언이 문제가 되었다. 최 군은 그 자리에서 끌려갔을 뿐 아니라 그의 가족도 흔적 없이 사라졌다. 게다가 최 군이 다닌 유치원, 인민학교, 고등중학교까지 수 개월이라도 담임했던 교사들은 물론, 유치원 원장, 인민학교의 소년단 지도원과 고등중학교의 청년동맹 지도원, 인민학교 및 고등중학교의 부교장, 교장에 이르기까지 모두 현직에서 철직되어 농촌으로 쫓겨 가 모든 교사들을 전율케 한 사건이었다.

4. 법제의 현실 적합성

1990년 구소련이 붕괴된 후, 북한은 모스크바의 시장에 제2차 세계대전에서 공을 세운 전쟁노병들의 메달과 훈장이 줄줄이 나와 팔리기를 기다리고 있는, 비참한 전쟁노병들의 실상을 선전했다. 사회주의를 버리고 민주주의를 선택한 국가, 사회주의 공급 시스템을 버리고 자유시장경제를 채택한 구소련을 비난하는 방송이었다.

1995년 북한의 '우리식 사회주의' 시스템이 붕괴되었다. 배급 시스템과 사회안전망의 붕괴였다. 힘없는 인민들에게 국가가 최소한의 것도 해 주지 못하는 방기 사태가 전개됐다. 국가유공자 보상 제도 역시 맥을 추지 못했다. 연로자보호법, 노동법, 사회보장법이 사문화된 것이다. 연로자보호법 제5조에서 "국가는 혁명투사와 혁명투쟁공로자, 전쟁로병, 영예군인과 공로자 같은 조국 수호와 사회주의 건설에서 공로를 세운 년로자를 사회적으로 특별히 우대하며 그들의 생활을 따뜻이 보살펴 주도록 한다." 노동법 제75조에는 "국가는 로동과 사회정치 활동에서 공훈을 세운 국가공로자들이 로동 능력을 잃었거나 사망하였을 때에는 그들과 그 가족들에게 특별한 배려를 하여야 한다."라고 명시되어 제반 법체계에서 국가유공자에 대한 예우를 국가사회보장의 차원에서 물질적 방조의 형태로 제공하는 것으로 규정되어 있다. 북한에서 연금 및 보조금은. ①공로자연금 ②연로연금 ③노동력상실연금 ④유가족연금 ⑤영예군인과 인민군 후방 가족에 대한 보조금이 있다. 과거 사회주의 시스템이 정상적으로 작동하던 시기에는 공로자가 노동 능력을 상실하면 '600g의 식량과 120원의 보조금'과 '600g의 식량과 60원의 보조금' 제도를 운영했다. 전자는 혁명투사와 혁명열사, 애국열사 가족, 김일성훈장 수훈자, 국기훈장 1급 수훈자, 접견자 등에 대한 보장 내용이며, 후자는 노력훈장 수훈자, 국기훈장 2급 수훈자, 영예군인과 같은 공로자들에게 보장하는 내용이다. 그러나 김일성 사망 후불어 닥친 엄혹한 '고난의 행군'은 모든 제도를 삽시간에 집어삼켰다. 1998년 또다시 '사회주의 강행군'을 선포할 정도로 경제 사정은 나아질 기미가 보이지 않고 배급 시스템의 복귀는 요원했다. 급기야 2002년 7·1 경제 개선 관리 조치를 내오고, 종합시장의 전면 허용과 물가의 현실화, 실질임금제를 도입하지만 받은 보조금으로는 시장에서 쌀 1~2킬로그램밖에 살 수 없는 턱없는 금액이었다. 국가유공자들에게 약간의 식량 배급과 1,500~2,000원 정도의 연금이 공급된다 할지라도 생계 유지에는 부족했다.

의료 보호 역시 그 실효성이 저하되었다. 제도적으로는 인민 보건법에 의해 혁명열사 가족, 영예군인(상이군인)에 대한 건강 보호와 치료 혜택, 전용병원 설치·운영, 영예군인의 장기 치료와 요양을 위한 정양소·휴양소를 설치해 건강을 돌보도록 명문화되어 있다. 경제난은 북한이 그토록 자랑하던 무상치료제를 파괴하였다. 낡은 의료 장비와 의약품의 절대 부족은 병원을 무능하게 만들었다. 포도당 점적 주사도 환자가 시장을 통해 사들고 가야 의료진을 통해 맞을 수 있을 정도였다. 1990년대 중후반 북한의 비위생적인 환경으로 인해 30~40년 전에 퇴치되었던 옴, 파라티푸스, 장티푸스와 같은 병균이 창궐했지만 병원은 식염수로 대처할 수밖에 없는 상황이었다. 여기에 결핵이나 간염 환자도 폭증하는 등 후진국형의 병들이 나돌았으나 당국은 무기력했다. 이런 상황에서 일부 특권층을 제외하고는 적지 않은 유공자들에게 의료 혜택이 골고루 돌아갈 리가 만무하다.

보훈대상자에 대한 교육 보호는 혁명학원으로 진학할 수 있는 기회를 제공하는 것으로 명시되어 있으며 앞에서도 기술하였다. 그러나 혁명학원이 수용할 수 있는 인원이 제한되어 있어 모든 유공자에게 해당되는 것은 아니다. 영예군인의 경우에는 그 수가 상당하여 특출난 공을 세우지 않고는 꿈도 꾸지 못한다. 1990

년대 중반의 고난의 행군은 보통교육기관, 고등교육기관 할 것 없이 들이닥쳤다. '11년제 의무교육 제도'가 무색해졌다. 교육기관에 대한 국가의 투자는 전무하였다. 교육 기자재와 실험 기구의 부족, 학교 환경의 파괴, 교원 출근율과 학생 출석률의 저하는 심각했다. 만경대혁명학원과 1~2개의 학원을 제외하고 국가의 지원이 사라진 지방의 학원들은 뾰족한 수를 찾지 못했다. 그후 200개 시·군·구역에 도입한 제1중학교 제도 역시 학부모들에 대한 수탈에 의존하고 있었다. 교육기관에 대한 국가의 지원은 회복되지 못하고 있다. 전국에 있는 많은 유공자들과 영예군인들의 자녀들이 고르게 교육 혜택을 받는 것은 불가능하였다. 대학 입학이 돈으로 이루어지는 경우가 많아 유공자나 영예군인 자녀들의 입학도 줄었다.

취업 지원 및 간부 등용의 형평성도 보장되지 않고 있다. 국가에 대한 공로보다는 김일성-김정일-김정은과의 친밀도가 좌우지되는 북한 사회에서 공(功)의 크기에 따라 보훈제도의 혜택을 받는 것이 아니기 때문이다. 주거 지원은 일부에 제한되어 있다. 해마다 많은 영예군인들이 발생하지만 만성적인 주택 부족 상태에 놓여 있는 국가가 그들에게 주거를 지원해 주지 못하고 있다. 주거 지원은 특수병종이나 핵시설에서 복무하다가 노동 능력을 상실한 영예군인에 국한되어 있다.

5. 나가며

북한의 보훈 법제는 적대계급과 그 자녀들을 제재 대상으로 규정하고 제재 대상의 희생을 전제로 한 분열적인 제도와 정책이다. 그로부터 북한의 보훈은 사회 자원을 불평등하게 배분하고, 그마저도 보편적이고 광범위한 정책이 아니라는 점이 특징적이다. 어디까지나 김일성-김정일-김정은의 공적을 추켜세우기 위한 정치선동일 뿐 아니라, 그들만의 리그로 절대다수의 사람들이 배제되고 있다. 앞서 언급한 북한의 영화 〈보증〉에는 "믿음은 충신을 낳고 불신은 배신을 낳는다."는 유명한 대사가 나온다. 북한의 주민들은 이를 곧잘 인용한다. 그럼에도 위에서 살펴본 바와 같이 많은 사람들이 불신으로 밀려났으며 아직도 그런 행태는 지속되고 있다.

북한은 정상적인 사회경제 시스템이 제대로 작동하지 않은 지도 벌써 25년이 되었다. 해방 후 김일성 정권이 들어선 지 꼭 75년이라는 점에 비추면 그중 1/3에 해당하는 기간은 시스템이 붕괴된 비정상적 국가 운영 기간이라고 말할 수 있다. 국민의 생명과 안전을 보장하고 최소한의 생활을 책임져 주어야 할 국가가 소임과 역할을 다하지 못할 때, 국민은 희망을 잃고 삶이 피폐해질 수밖에 없다. 국가에 공을 바친 유공자라 할지라도 국가를 위해 헌신한 자신의 공이 정당한 기준을 가지고 그 보상을 충분히 받을 때에야 비로소 빛을 발휘할 수 있으며, 많은 국민들이 그들을 배우고자 할 것이다.

지난 25년간 유공자들과 영예군인들의 삶은 비참했다. 2000년대 이후 북한 주민들의 과반수는 국가가 부여한 정치적 신분 제도에 대해 비중 있게 생각하지 않는다. 보통의 삶을 사는 주민들에게 기본계층이니 동요계층이니 따위는 별로 중요하지 않다. 정치적으로 계급과 성분을 부여하여 충성을 유도하고자 했던 북한의 고루한 행태가 염증을 가져왔을 뿐 아니라, 김씨 체제에 대한 염세주의가 팽배하기 때문이다. 국가가 주민들의 삶을 책임져 주지 못하는 비정상적인 시스템에서 살고 있는 북한 주민들은 당국이 부여한 신분보다는 본인들의 능력이 더 중요하다고 생각하고 있다. 이런 상황은 결혼 대상을 구할 때 가장 확연하게 드러나고 있다. 성분이 나쁜 집안을 무조건 기피하던 예전과는 달리 본인의 실력이나 능력을 선호하는 분위기가 확산되고 있다.

2020년 현재, 북한의 보훈과 제재의 법제는 유명무실하다. 사회보장법을 비롯해 민법, 교육법, 가족법, 노동법 등의 적지 않은 법제들은 정비되어 있으나 지켜지지 않고 있기 때문이다. 북한과 같이 보상보다는 억압적 제재가 강하게 존재하고 있는 것은 도덕적 신념이나 집합의식이 널리 존재하기 때문이며 배상(restitutive)적 법률보다 억압(repressive)적 법률보다 우세하기 때문이라고 뒤르껭은 설명하고 있다.

북한은 현재 보상적 법률을 집행할 능력을 갖추지 못하고 있다. 따라서 국가유공자에 대한 보훈제도가 당분간 위력을 발휘하지 못할 가능성이 크다. 한편 제재 대상들은 본인들이 능력만 갖춘다면 당국이 부여한 정치적 신분과는 상관없는 경제적 신분을 제고하여 삶을 유지하고 있다. 보훈대상과 제재 대상의 경계가 허물어지고 있다. 북한이 법률 수행 능력을 가지기 전에는 이러한 기류가 지속될 것으로 예측한다.

북한의 보훈과
영웅 상징화

엄 현 숙 _ 북한대학원대학교 연구교수

분단의 일상 속 서로 간의 신뢰를 회복하기 위해서는 분단의 상처, 아픔의 치유, 국가에 대한 믿음이 필요하다. 한반도의 평화는 적어도 서로를 적으로 전쟁까지 치룬 두 국민이 하나의 국가, 공동체의 구성원이 되는 일이다. 한국과는 반대되는 이념에서 출발하는 북한의 정책과 제도는 한반도의 평화와 공동체 구성에 있어, 특히 보훈 분야에 있어 가장 어려운 접근을 예상한다. 북한은 그들의 새 세대들에게 교양과 혜택을 동시에 알려 주면서 의식 함양에 주력한다. 특히 북한은 교육을 통하여 학생들의 '결의'를 끌어내는 것에 집중한다. 이 글은 북한 보훈정책의 전반적 내용을 정리한 것은 아니며 여러 요소 중 교육의 일부만을 분석 대상으로 하고 있다는 점에서 한계가 있다. 그럼에도 이 글은 기존 연구나 글에서는 밝혀지지 못했던 보훈과 영웅의 교육적 시도를 주목한다는 점에서 그 의미가 있다.

1. 왜 북한의 보훈인가?

2020년 9월 23일 문재인 대통령은 미국 뉴욕 유엔(UN) 총회장에서 열린 제75차 유엔 총회 기조연설(화상)에서 한반도 종전선언을 언급하였다. 대통령은 "한반도의 평화는 동북아 평화를 보장하고 나아가 세계질서 변화에 긍정적으로 작용할 것"이라며 "그 시작은 한반도 종전선언"이라고 밝힌 것이다. '한반도의 종전'이라는 용어를 통해 드러나는 한반도의 비평화적 상황은 국민통합 기제의 하나로 보훈을 주목하게 만든다. 한반도의 평화는 적어도 서로를 적으로 전쟁까지 치른 두 국가와 국민이 하나의 국가, 한 공동체의 구성원이 되는 일에 의해 보장의 기본 요건이 마련된다. 이는 국가를 위해 공헌한 국민이나 군인들을 정부가 책임지고 그 책무를 다하는 정책으로 시행하는 보훈제도의 특별함에서 더욱 그러하다.

한국과는 반대되는 이념에서 출발하는 북한의 정책과 제도는 한반도의 평화와 공동체 구성에 있어, 특히 보훈 분야에 있어 가장 접근하기 어려울 것으로 예상된다. '국가보훈기본법'에 의하면, 보훈은 "국가를 위하여 희생하거나 공헌한 사람의 숭고한 정신을 선양(宣揚)하고, 그와 그 유족 또는 가족의 영예로운 삶과 복지 향상을 도모하며, 나아가 국민의 나라사랑정신 함양에 이바지"하는 행위이다. 즉 보훈은 국가에 공을 세우는 행위이자 국가가 국민의 희생에 보답하는 과정이다. 이에 한반도의 선제적 평화를 위하여 남북한의 보훈정책은 시대적 변화에 부응해 새롭게 접근할 필요가 있다. 한국의 경우는 독립·전쟁·민주에 관련된 공을 따로 구분하여 보훈제도를 정착시켰다. 그렇다면 북한의 경우는 어떠한가. 다음의 내용을 통해 확인할 수 있다.

2000년 전후로 북한은 사회주의 강성대국 건설 과정에 '총대영웅', '건설자 영웅', '지식인 영웅' 등 수많은 영웅들이 배출되었음을 자랑하였다. 북한에서 영웅은 '공화국영웅'과 '로력영웅'으로 분류된다. '공화국영웅'은 '조선민주주의인민공화국영웅'의 준말이며 "위대한 수령과 당에 대한 끝없는 충실성을 간직하고 조국 보위를 위한 무력을 강화하는 데서나 적과의 전투에서 또는 계급적 원쑤들을 반대하는 투쟁에서 불굴의 혁명정신을 발휘하여 당과 국가와 인민 앞에 영웅적 위훈을 세운 일군에게 조선민주주의인민공화국 중앙인민위원회 정령으로 수여하는 높은 명예칭호"이다. '로력영웅'은 경제, 문화, 건설 부문에 있어 특별한 공을 세운 자들에게 수여하는 명예칭호이다.* 위의 개념 정의로 본다면 북한에서의 보훈의 대상은 항일·전쟁 외에도 사회주의 이념과 관련된 계급투쟁이나 사회주의 건설에서의 희생도 포함한다. 사실상, "북한뿐만 아니라 사회주의 사회는 이른바 '영웅'을 필요로 하는 사회"이다.** 사회적으로 영웅들이 탄생되고 공인되는 이데올로기적 근거는 '위대한 이념'에 봉사하기 위해, 애국적인 의무 수행으로써 조국을 방어하기 위해, 사회주의의 승리를 위해 같은 '폭력'으로, "말할 필요도 없이 국민의 행복을 위한다는 합리화"이다.*** 이렇게 배출된 영웅과 그의 공로는 곧 상징화되어 북한이 위기를 극복하고 체제를 수호하기 위한 기제로 작동한다. 이러한 영웅 상징화 사례에 북한 교육이 있다.

---

* 『조선말대사전』, 평양: 백과사전출판사, 1992, 284쪽.
** 차문석, 「북한의 노동 영웅에 대한 연구: 영웅 탄생의 정치 경제적 메커니즘」, 『사회과학연구』 제12권 1호, 2004, 171쪽.
*** 한스-요하임, 송동준 역, 『사이코의 섬: 감정정체·분단 체제의 사회심리』, 서울: 민음사, 1994, 14-15쪽.

북한의 경우 12년제 의무교육이 마감되는 고급중학교 3학년 (우리의 고등학교 3학년에 해당)은 학업 종료의 성격을 띠고 있다. 그것은 고급중학교를 졸업하고 상급 교육기관인 고등교육기관으로 진학하는 경우가 10% 정도에 불과하기 때문이다. 북한은 한국과 달리 12년제의 의무교육 제도를 운영한다. 이는 학교 전교육(1년제), 초등교육(5년제), 중등교육(6년제)으로 구성되며, 만 5세부터 만 17세까지가 그 대상이다. 예외적인 경우가 아니고서는 대부분의 남학생들은 고급중학교 졸업 후 8년에서 10년간 군복무를 해야 하며, 그 기간 동안 가족과 분리된다. 이에 영웅 상징화는 고급중학교를 졸업할 예정의 남학생들에게 ①군입대와 생활에 대한 불안감을 불식시키고 ②사회와 조국을 위해, 수령을 위해 희생한 이들의 영웅적 귀감으로 교양하는 것에 그 목적이 있다. 나아가 국가를 위해 헌신한 영웅들에 대하여 ③특별하게 처우를 한다는 점을 알려줌으로써 학생들을 이른바 ④정신적으로도 무장시키기 위한 것이다. 이로써 학교교육에서 이루어진 영웅 상징화는 위기를 극복하고 체제를 수호하기 위해 영웅을 효과적으로 이용한다는 점에서 북한식 보훈의 특징을 보여준다.

　이 글에서는 북한에서 시기마다 발간되는 중요 간행물을 중심으로 북한 교육에서 영웅의 상징화가 어떻게 발현되는지를 알아

보려고 한다. 북한 자료를 참고하는 관계로 일부 인용에 북한식 표기를 그대로 가져왔다. 다만 이 글은 북한 보훈정책의 전반적 내용을 정리한 것은 아니며, 여러 요소 중 일부만을 분석 대상으로 한다는 점에서 한계가 있다. 그런데도 기존 연구나 글에서는 밝혀지지 못했던 보훈과 영웅의 교육적 시도를 주목한다는 점에 의미가 있다.

2. 구조와 행위, 그리고 결의

북한 교육의 영웅 상징화를 설명하기 위하여, 우선 구조와 행위자 간 상호성에 대한 설명이 필요하다. 행위자의 선택이 구조에 미치는 영향을 주목한 연구자에 기든스(A. Giddens)가 있다. 기든스는 구조주의와 기능주의가 인간 행위자의 의도와 행위를 설명 틀에서 빼고 있다는 점을 지적하였다. 그는 인간 행위 수행의 수준과 구조의 수준을 모두 적절하게 설명하는 행위 이론이 필요함을 밝혔다. 기든스는 구조란 행위를 완전히 결정하는 것이 아니라 선택 가능한 대안들의 범위를 결정해 줄 뿐이며 이에 행위자의 능력을 중요하게 부각시켰다. 기든스가 규정하는 인간 행위는 주체적인 모습과 사회 구조적인 모습을 함께 갖고 있다.* 기든스에 의하면, 모든 인간 존재는 '앎'의 능력이 있는 행위자이며, 행위란 인간 행동의 두 가지 구성 부분, 즉 '능력(capability)'과 '앎(knowledgeability)'으로 이루어진다. 여기에서 '능력'이란 인간 행위자가 "달리 행동할 수 있다"는 가능성을 내포하는 것이다.** '앎'이란 사회 구성원들이 그 사회가 어떻게 돌아가는지를 상당히 알고 있음을 뜻한다. 행위자는 끊임없는 성찰과 관망을 통해 '앎'을 바탕으로 '능력'을 갖고 의도적 행위를 하게 된다.*** 기든스의 이론에 비추어볼 때, 학교교육에 대한 영웅의 상징화는 국가와 사회, 수령을 위한 헌신의 정당성을 심어주기 위한 기제임을 알 수 있다. 그것은 미래의 행위자가 되는 학생들로 하여금 행위에 대한 국가의 보상과 처우에 대해 알도록 함으로써 미래의 희생이 헛되지 않음을 인식시키는 것이다.

---

*   김중섭, 「기든스의 구조화 이론과 사회 행위」, 『현상과 인식』 제8권 1호, 1984, 88-93쪽.
**   Giddens, A, 1984. *The Constitution of Society: Outline of the Theory of Structuration*, Calif.: Unoversity of California Press. 황명주 외, 『사회구성론』, 서울: 간디서원, 2012, 43-62쪽.
***   김용학, 『사회구조와 행위』, 서울: 사회 비평사, 1996, 79쪽.

북한 교육의 영웅 상징화를 설명하기 위하여 다음으로, 길버트 라일(Gilbert ryle)의 '결의(決意, volition)' 개념을 주목해야 한다. 그는 "마음이 자신의 관념들을 사실들로 바꾸어 놓는 마음속의 특별한 작용이나 작업"으로서 '결의'의 개념화를 시도하였다.* '결의'를 마음의 이론을 구성하는 인자 중의 하나인 '의지(意志, will)'에 대응되는 능력으로 언급한 길버트**는 "어느 누구도 자신의 행동이나 친지들의 행동을 권고된 방식"으로 서술하지 않음을 강조한다. 즉 '결의'는 "무엇이 인간의 신체적 운동을 자발적인 것이게끔 해 주는가?"라는 질문에서 비롯된 것이며, 이는 신체적 움직임에만 적용되는 것이 아니라 정신적인 그리고 비 물리적인 작용들에도 적용될 수 있다. 이에 개념으로서의 '결의'는 "지각 있는 모든 사람들이 행위의 자발성과 비자발성에 대하여, 그리고 행위자의 단호함과 우유부단함에 대하여 어떻게 결정을 내려야 할 것인가에 관해 알고 있다는 사실"***을 전제한다. 다만, 길버트는 '결의'에 관하여 결심이나 결단과 동일시해서는 안 된

---

*   Gilbert Ryle, 이한우 역, 『마음의 개념』, 서울: 문예출판사, 2004, 79쪽.
**   위의 글, 81쪽.
***   Gilbert Ryle, 앞의 글, 85쪽.

다는 점을 분명히 하였다.* 그는 두 주먹을 쥐고 각오를 다질 수는 있으나, 그럼에도 그 행위가 수행되지 않는다면, 그 행위를 하겠다는 '결의'는 아직 수행되지 않은 것으로 보았다. 이런 맥락에서 북한 교육에서 나타난 영웅 상징화는 북한이 어떻게 학생들의 '결의'를 끌어내려고 하는가에 집중할 수 있게 한다.

3. 영웅을 필요로 하는 사회

1994년부터 북한의 교육 부문에 나타난 특징적인 현상으로 학교명에 영웅의 이름이 등장하는 것을 확인할 수 있다. 영웅의 이름을 올린 학교의 출현은 2007년까지 계속된다. 이에 1994년부터 영웅의 상징화가 필요했던 이유는 다음의 사례에서 찾을 수 있다. 우선, 북한에서 1994년은 "류례 없는 이상기후 현상이 조선의 인민경제 여러 분야에 큰 영향을 미치고 있다. (중략) 밭작물의 수확고는 전혀 기대할 수 없게 되어 주민들의 식

---

* 최종환·이우영·엄현숙, 「적을 이용한 북한의 주민 결속 메커니즘 연구: '고난의 행군' 시기를 중심으로」, 『북한연구학회보』 제23권 1호, 2019, 32쪽.

량 형편을 더 어렵게 해주고 있다."(〈조선신보〉, 1997.7.28.)고 언급
될 만큼 어려웠던 이른바 '고난의 행군'이 시작된 시기이다. '고
난의 행군' 이후 의심할 여지없이 북한이 직면한 문제는 생존이
불가능할 정도의 생산력 파괴와 그로부터 전면으로 내세운 '살
아남는 문제'이다.* 그뿐만 아니라 '고난의 행군' 시기는 체제 외
적인 열악한 상황적 요소와 체제 내적인 구조적 문제가 중첩된
(overlapping) 시기라고 할 수 있다.** 다시 말해서 '고난의 행군' 시
기는 체제 내·외적인 갈등이 심화한 시기이다. 이러한 맥락에서
'고난의 행군' 시기는 북한 체제의 입장에서 체제의 진로에 대한
정치적 판단이 요구되는 시기였다. 이로써 이념과 실리 사이 심
화되어 가는 괴리를 극복하기 위한 국가적 노력은 희생과 헌신
을 요구하고 비생산적인 생산 구조로 되돌아가려는 움직임을 보
여 준다. 이는 사상 교양의 후퇴에 대한 염려로부터 주민들의 정
신력을 최대한 발동시키기 위한 국가적 시도를 통해 나타난다.***

---

*   엄현숙, 「결핍에 대한 북한 주민의 마음의 변화: 〈조선신보〉를 중심으로」,
  『통일 문제연구』 제30권 2호, 2018, 275쪽.
**   정병화, 「'관성적 권력'으로서의 '선군정치'」, 『대한정치학회보』 제20호 2호,
  2012. 77쪽.
***   엄현숙, 앞의 글, 274쪽.

다음으로, 북한에서 '선군정치'라는 용어의 등장이다. '선군정치'라는 용어는 1997년 12월 처음으로 등장하는데, 1994년에서 1997년까지는 북한이 공식적으로 인정한 '고난의 행군' 시기이다. 이로써 북한은 '선군정치'가 제시되기 전 '고난의 행군'을 겪었고 1998년부터는 '고난의 강행군'으로 다시 한 번 어려움을 예고하였다. 2000년 10월 10일이 되어서야 북한은 1994년부터 2000년까지를 '고난의 강행군'으로, '승리자의 대축전'으로 부르며 그 결과를 승리로 마감하였다고 선언하였다. 이에 앞서 1999년 6월 '선군정치'에 대한 자세한 해설을 내놓은 바 있다. 북한은 2001년 12월에 이르러 '선군정치'의 시작을 1995년 1월 1일 김정일이 시찰한 '다박솔 중대'로 정리하였다. '선군정치' 용어에서 드러나는 의미는 '고난의 행군', '고난의 강행군'이라는 정치적·사회적·경제적 모든 어려움에 군대를 앞세워 해결하려는 당시 김정일의 의지를 드러낸 것이다. 특히 주목할 부분은 '선군정치'가 표방된 이 시기는 외부 세계와의 총·포탄이 오가던 전쟁 시기가 아니라는 데 있다. '선군정치'는 가장 평화적 시기임에도 체제적 위기 상황이 발생한 것이며, 이에 대처하는 극단의 처방이자, 총대밖에 믿을 것이 없다는 불안감의 표출이다.

군대를 우선으로 대내외적 갈등을 헤쳐 나가야 하는 북한 당국에 있어, 군복무 중인 청년들의 영웅적 희생은 주민의 정신력을 발동하고 지도자의 정당성을 다시금 획득할 수 있는 기회가 되었다. 그리고 이는 앞으로의 군복무를 준비해야 할 청년들이 있는 교육기관에도 분명 필요하며, 그 파급력은 더욱 커지게 된다. 이로써 교육 사회 전반에 영웅을 이용한 상징 정치가 시작되었다.

4. 영웅 상징화 방식

교육 부문에서는 1994년부터 학교명에 영웅의 이름이 등장하는데, 이러한 명명은 시간이 지남에 따라 다양하게 규정된다. 참고로 북한의 학교 명칭은 2003년까지는 인민학교(4년제), 고등중학교(6년제)였다. 2003년 이후 인민학교는 소학교로, 고등중학교는 중학교로 개명된다. 2013년 김정은 시대 교육개혁이 이루어지면서 소학교(5년제), 초급중학교(3년제), 고급중학교(3년제)로 수정된다. 이 외에 1999년 전국적으로 영재 양성을 전문적으로 맡아 하는 제1중학교가 도와 시, 군에 만들어지기도 하였다. 이들 제1중학교는 현재도 제1중학교 체계로 움직인다. 이로써 영웅학교 명칭이 어느 시기에 있었는가에 따라 고등중학교에서 중학교로 변화를 보이게 되며, 제1중학교는 2003년 이후도 여전히 제1중학교로 언급된다. 이에 이 글에서는 글의 흐름상, 영웅학교 호명은 북한식 교명을 그대로 쓰고 있다.

첫째, '이름을 고친 학교'에 1994년 문정환·류경남·길영조 고등중학교가 있다(『조선중앙년감』(이하 '연감'), 1995, 178). 이 중 문정환, 길영조는 '공화국영웅'이다. 길영조는 비행사로 수령결사 옹위의 모범을 보였다고 평가되어, 그가 근무한 부대에는 반신상도 세워졌다. 또 1995년에 설립된 영웅홍원고등중학교, 림형삼·길광식 고등중학교가 있다(연감, 1996, 222). 이때, 영웅홍원고등중학교와 같이 영웅의 이름 대신 학교명에 영웅을 붙인 것은 한 학교에서 여러 명의 영웅이 나온 것을 기념하는 의미로 쓰였다. 1996년에 서강림·리창도·영웅룡원고등중학교, 영웅황곡고등중학교, 로태진·김병모·한계만·장태화 고등중학교, 소년근위대립석고등중학교들이 나왔다(연감, 1997, 167). 1997년에는 김성주·한계렬·김정흘 인민학교, 임인택·신기철·리응선·리복재·김창복 고등학교들이 새롭게 이름을 고친다(연감, 1998, 225). 1999년 조동수영웅고등중학교, 안주탄광소년근위대, 신리고등중학교가 새로 나왔다(연감, 2000, 200). 2000년에는 영웅강동고등중학교가 나왔다(연감, 2001, 188).

둘째, '공화국영웅의 이름으로 명명된 학교'이다. 1998년 김옥근·리광수 고등중학교가 이름을 올렸다(연감, 1999, 192).

셋째, '새로 명명된 학교'이다. 2001년에 이름을 올린 영웅혜산제1중학교와 영웅강서제1중학교가 그 시초이다. 2001년부터 각 학교 영웅에 대한 해설이 추가되었는데, 각 13명, 12명의 '공화국영웅', '로력영웅'이 배출되었음을 밝혔다(연감, 2002, 173).

넷째, '영웅, 영웅의 이름으로 명명된 학교들'이다. 2002년에 나온 영웅숙천제1중학교, 영웅강계장사산제1중학교, 영웅한두중학교, 리광수중학교, 리철민중학교가 그 예이다(연감, 2003, 196). 영웅숙천제1중학교는 3명의 '공화국영웅'과 9명의 '로력영웅'이 나왔다. 강계와 한두중학교는 각각 나라의 번영을 위한 투쟁에서 19명, 14명의 영웅을 배출하였다고 한다. 리광수는 군사임무 수행 중 수령의 초상화를 안전하게 보호하였고, 리철은 군사임무 수행 중 전우를 구하고 최후를 마친 인민군대의 첫 '공화국영웅'으로 소개되었다. 이에 이들이 다닌 학교에 그의 반신상이 세워졌다. 2004년에는 영웅안주제1중학교, 영웅평원중학교, 영웅맹산중학교, 김기봉중학교가 있다(연감, 2005, 194). 안주·평원·맹산중학교는 '공화국영웅'과 '로력영웅'을 배출한 학교이다.

김기봉은 군사 훈련 중 터진 수류탄을 몸으로 덮어 동지들을 구하고 희생된, 새 세기의 첫 영웅이 되어 학교에 반신상이 세워졌다. 2005년에는 유향림소학교, 영웅연사중학교, 함경남도 안의 5개교가 영웅중학교로 명명되었다(연감, 2006, 230). 유향림은 7세 때 초상화를 안전하게 구하고 희생되었다고 한다.

다섯째, '영웅중학교로 명명된 학교들'이다. 2003년에 영웅보산중학교, 영웅순안중학교, 영웅사미제1중학교, 영웅남산중학교가 나왔다(연감, 2004, 192). 모두 '공화국영웅'과 '로력영웅'을 배출한 학교들이다.

여섯째, '영웅중학교, 영웅이름으로 명명된 학교들'이다. 2007년 천마·룡호·안성·벽성중학교가 영웅중학교가 되었다. 그리고 수령의 초상화를 안전하게 모시고 동지들을 구원한, 18살에 '공화국영웅'이 된 유경화는 그의 이름으로 명명된 중학교에 반신상도 세워졌다(연감, 2007, 181). 이로써 1994년부터 2007년까지 언급된 이른바 영웅학교는 모두 57개교로 이를 연도별로 나타내면 아래의 표와 같다.

〈표 1〉 영웅학교의 유형

구분	94	95	96	97	98	99	00	01	02	03	04	05	07
합계(57개교)	4	4	9	8	2	2	1	2	5	4	4	7	5

이상에서 언급된 학교들은 시기적으로 여섯 가지 영웅의 표제어로 제시되었지만, 이를 다시 세 가지 유형으로 정리할 수 있다. 우선 '고난의 행군' 및 '강행군' 시기 군복무 중 '공화국영웅'이 된 영웅과 그의 모교이다. 문정환, 길영조, 리광수, 김기봉, 리철의 이름을 딴 학교들이 그것이다. 다음으로, 사회적 영웅인 '로력영웅'을 배출한 학교이다. 이른바 나라의 부강 번영을 위한 투쟁에서 나온 영웅으로 유향림, 유경화 등이 예이다. 그리고 과거의 모든 영웅을 추적하여 그들의 모교에 영웅의 이름을 올리는 등의 형태이다. 특히 북한은 2000년대로 들어오면서 영웅에 대한 해설을 추가하는 등의 적극적인 영웅 선전과 과거 영웅도 불러내는 등의 상징화를 완성하게 된다. 그런데 2007년을 끝으로 영웅학교가 더 이상 회자되지 않는다. 이에 2007년 이후 북한 사회가 정치적으로나 경제적으로 영웅 상징화가 없어도 될 만큼 성장한 것인가의 의문도 있다. 그렇다고 하여 주민의 정신력 발동이 필요 없어진 것은 아니다. 또 다른 영웅주의적 행위를 발굴하고 이를 전 사회적으로 확산시키는 것은 그 사회의 생존 방식이다.

영웅 상징화를 통해 북한이 10대, 20대에게 요청한 것은 영웅주의적 정신의 함양이며, 나아가 그들의 희생을 국가가 어떻게 기억하며 보상하는지를 보여주었다. 물론 북한이 공식 발표한 자료만으로는 이상의 당국의 계획된 의도에 졸업을 앞둔 예비 군입대자들의 '결의'가 수행되었는지는 확인할 수 없다. 그럼에도 영웅과 그들이 졸업한 모교에 대한 호명은 희생에 대한 기억이자 국가만의 기억이 아닌 지역과 장소 모두를 기억한다는 메시지를 주었다. 주목되는 부분은 북한이 '고난의 행군' 시작과 동시에 교육 부문에서 바로 영웅학교 등장을 보여주었다는 점이다. 앞서도 언급되었지만 북한 당국이 '선군정치'에 대한 의지를 밝힌 시기는 교육 부문에서 '고난의 행군'을 계기로 영웅이 언급되는 시기보다도 늦다. 영웅학교의 상징성은 그래서 더욱 의미가 있다고 할 수 있다.

5. 왜 평화롭지 않을까?

한반도 평화와 공동체를 추구하는 시점에서 보훈은 두 사회 속 서로 다른 경험과 상징을 지닌 행위자들이 포용하고 더불어 영예롭고 보람된 것이어야 한다. 그것은 두 정상의 합의에 따라 구조적인 폭력과 분쟁 상황이 종식된다고 하더라도 평화가 자동적으로 보장되는 것은 아니기 때문이다(함택영, 2003, 37). 분단 체제 하에서 남북한 주민의 일상에 뿌리내리고 상시적인 영향을 행사하던 일상성이 주목되는 이유이다. 그것은 남북한 모두의 상호작용과 상호의존성에 의해 지속되었기 때문이다. 평화적 보훈은 무엇을 준비해야 하는지, 평화적 보훈으로 거듭나기 위해서는 무엇을 해야 하는지를 고민해야 한다. 지나간 사례가 그것을 일깨운다.

2018년 평창올림픽을 계기로 평화에 대한 기대가 높아진 것에 반하여 남북 단일팀에 대한 부정적 태도는 20~30대에서 높았다. 이에 20~30대의 통일 인식이 기성세대와 심리적 표상 및 경험의 차이에서 비롯된 것으로 보기도 한다.* 이들의 가치 체계를 형성하는 청소년기에 경험한 북한 관련 부정적 사건들이 그 예가 된다고 보는 시각도 있다.** 남북 단일팀에 대한 부정적 태도는 생각하기에 따라 국가가 국민의 또 다른 희생에 보답하는 방식에 대한 것이기도 하다. 더욱이 남북한은 '오랜 분단에서 비롯된' 체

---

* 박주화, 「20~30대 통일의식에 대한 변명」, 『Online Series』, 2018.01, 30쪽.
** 조정아, 「2030 세대의 통일의식과 통일교육의 새로운 패러다임 모색」, 『통일교육연구』 제15권 2호, 2018, 28쪽.

제의 차이, 경제적 격차, 문화적 이질성을 갖고 있다. '이질성'이 통일 논의의 주요한 핵심이 되는 이유이다.

또 다른 사례가 있다. 조선형 감독이 제작한 다큐 〈남북 미생〉(2015)은 분단으로 인해 다른 사회 속에서 살아가는 남북한 두 여대생을 그린 것이다. 두 여대생 모두 성악을 전공하였고 그들 부모는 의사이다. 두 여대생이 아버지와 함께 있는 자리에서 감독은 통일에 대한 그들의 생각을 물었다. 이에 북한(평양) 여대생은 통일의 필요성과 정당성에 대해 '당연히 해결해야 할 문제'라고 보았다. 그는 "오래 떨어져 있다고 해서 언어가 달라졌는가? 핏줄이 달라졌는가? 풍습이 달라졌는가? 달라진 건 하나도 없다."라고 강조한다. 반면 남한의 여대생은 통일에 대한 질문에 '북한에 대해 생각할 여유조차 없는 현실', 즉 '최저 시급의 아르바이트와 학업을 병행해야 하는 자기의 삶'을 이야기하였다. 나아가 남한의 여대생에게 북한은 '무슨 일이 발생하면 북한부터 의심'하는, '적대적이며 수단으로만 존재'한다. 다큐 속 남북한 여대생을 바라본 남한의 20대 대학생들은 무엇을 생각하였는가? 다음의 표로 확인할 수 있다.

<표 2> 남한 학생의 통일에 대한 생각

구분	남한	북한
남북한은	별개의 나라	같은 나라
국가 환경	보다 나은 환경	훨씬 안 좋은 환경
학생의 생각은	통일에 무관심	통일 소망
통일 인식에 대한 비판	개인의 염원인가?	자기 주도적 생각일까?
통일 문제는	나라의 문제	우리의 중요한 문제
그 이유	북까지 생각할 여유가 없다.	우리의 미래에 영향이 있다.
세대 차이	부모 세대와 다름	부모 세대와 동일
함의	삶의 무게, 짜증나는 일상 나도 통일을 생각하고 싶다	핏줄, 풍습, 언어 달라진 것 없다. 수령의 소원

첫째로, 무관심에 가려진 진실이다. 20대 그들은 북한에 비하여 남한이 더 나은 환경임을 부정하지 않는다. 그들이 부정하는 것은 통일이 당장 관심을 가질 만한 주제인가의 문제이다. 통일은 개인의 염원이 아닌 나라의 문제일 뿐이다. 더욱이 대학생들은 '짜증나는 일상'의 무게를 감당하기 어려워 북한까지 생각할 여유가 없다. 대한민국에서 고등학교 졸업 후 대학 진학률은 2009년 77.8%에서 2017년 68.9%이다. 갈수록 하락하는 추세이긴 하나 한국에서 대학 진학은 보편적인 수준이다. 이에 스스로를 '평범한 가정의 자녀들'로 생각하는 대학생들에게 대학의 등록금과 그에 따른 생활비 부담, 미래에 대한 걱정은 눈앞의 현실이다. 이들은 지금 당장 혜택이 차려지는 것이 아닌 통일보다 그

저 자기 할 일에 바쁘다. 이에 대학생들이 하고 싶은 말은 '통일이 싫다'가 아니라 '나도 통일을 생각하고 싶다'의 외침이다.

둘째로, 남북한에 대한 시각이다. 다큐 속 남한의 여대생은 북한을 문제시하는 프레임에 부정적인 시선을 가지고 있다. 부모 세대보다 북한에 대해 주관적으로 바라보고 있다고도 할 수 있다. 하지만 다큐를 보는 대학생의 시각은 비교적 객관적이라고 할 수 있다. 북한의 중산층으로 보이는 여대생이 통일을 이야기할 때 오히려 남한의 평범한 대학생들은 그 생각이 정말 자기 주도적 사고에 기초한 것인지 의문을 가진다. 북한의 여대생은 통일에 대해 긍정적으로 말하고 한 민족이라는 정체성을 강조한다. 그와 그의 아버지는 민족적 가치에 입각하여 통일을 주장한다. 이에 남한의 대학생들은 그들 개인의 생각이기보다 북한 사회에서 받은 교육의 영향으로 보았다. 즉 사회가 다르며 구조적인 차이가 존재함을 강조한다.

앞서 언급하였듯이 남한은 대학생의 인식과 같이 국가 환경에 있어 북한에 비하여 더 나은 환경임은 분명한 사실이다. 그럼에도 20대 남한의 대학생 모두가 중산층인가 하는 것은 따져 보아야 한다. 여기에 북한 여대생의 "수령님이 원하는 것이 바로 남북통일"이라는 언급은 다름이 초래할 생각의 골을 깊게 한다. 이는 평양 여대생이 속한 사회와 환경의 안정감, 만족감이 남한 여대생의 자신이 속한 사회에 대한 만족도와 다르다는 점을 확인시키기에 충분하다. 결국 남한의 대학생들에게 남북 모두의 이해를 반영하지 않은 통일과 정책은 와닿지 않는다. 이는 통일과 정책에 대한 지금까지의 접근의 경직성 내지는 기성세대의 규범적·도덕적 잣대에 대한 비판이기도 하다. 반면 다큐 〈남북 미생〉 속 북한의 여대생 방계영은 남한의 여대생에 비하여 국가에 대한 신뢰가 크다. 그 신뢰는 부모 세대와 결코 다르지 않다. 남한의 여대생 허선경은 역동적이고 위협적이고 남성 중심적 사회 속에서 부모 세대가 누렸던 혜택은 기대하지 못한다. 이에 부모 세대의 통일 인식은 그에게 공감할 수 없는 주제가 되었다. 무엇이 남북한 두 여대생의 인식을 다르게 만들었는가? 무엇보다 그들 20대는 앞으로의 남북한 사회를 견인할 새 세대이다. 기성세대와 다른 또는 같은 모습으로 현재의 사회에서 좀 더 나은 삶을 위해 움직인다.

방계영이 평양의 엘리트 집안 출신인 점, 남한의 허선경이 전체 여대생을 대변할 수는 없다는 점에서 대표성의 문제가 제기된다. 그럼에도 분명한 점은 남북한 여대생의 국가에 대한 충성도의 다름이다. 앞서도 언급되었지만, 영웅 상징화를 통해 북한이 10대와 20대에 요청한 것은 영웅주의적 정신의 함양이며, 나아가 그들의 희생을 국가가 어떻게 기억하며 보상하는지를 보여준 것이다. 물론 북한이 공식 발표한 자료만으로 '결의'의 수행 여부는 알 수 없다. 그럼에도 영웅중학교로의 호명은 북한이 그들의 새 세대들을 길버트 라일이 말하는 "두 주먹을 쥐고 각오를 다질 수는 있게" 만들고 있다는 점은 분명해 보인다.

6. 다시 평화를, 보훈을 보다

이 글의 목적은 남북한 평화적 보훈을 생각하면서 남한과는 이념부터도 다른 북한의 보훈과 그 의미를 되짚어 보는 데 있다. 남과 북의 이질적이고 차별적 현실은 비단 통일 문제에만 해당되지 않는다. 보훈이라는 용어 자체가 가져올 남북한 보훈 분야로의 접근이 그래서 더욱 중요해진다.

전술했다시피 분단의 일상 속 서로 간의 신뢰가 회복되고 분단의 상처, 아픔의 치유, 국가에 대한 믿음이 필요하다. 북한은 그들의 새 세대들에게 교양과 혜택을 동시에 알려주면서 그들의 의식 함양을 추구한다. 이를 통해 북한은 교육에서 학생들의 '결의'를 끌어내기 위함에 집중하는 모습을 보여 주었다. 북한은 지속적으로 주민의 정신력 발동을 위해서 새로운 영웅적 행위를 발굴하고 이를 전 사회적으로 확산시킬 것이다.

서로 다른 이데올로기로 해석되는 남북한의 특성은 사회보장 제도, 법과 제도적 관점, 복지 서비스 대상 등의 차이를 가져온다. 통상적으로 전쟁과 군인이라는 관점에서 취해지는 보훈은 남북한 간에 해결해야 할 숙제를 산더미같이 안겨줄 것이다. 남북한 모두 국가 주도의 적극적 보훈정책을 유지하고 있고, 체제의 성격상 서로 간에 부정적 평가를 하고 있는 것도 사실이다. 결국은 분단 체제의 회복만이 이 문제에 해결을 가져온다. 그래서 더욱 '한반도의 종전선언'을 갈구하는 것일 수도 있다. 국가는 국민에게 무엇을 할 수 있는지 묻기보다 국가가 국민을 위해 무엇을 해 줄 수 있는지, 어떻게 지원해 주는지를 보다 적극적으로 알려 주고, 보여 주어야 한다. 통일은, 평화는 국민 전체의 참여에서 비롯되기 때문이다.

참고문헌

□ 북한 보훈정책의 모든 것 _ 이철

김일성, 「만경대 인민들과의 상봉모임에서 한 연설, 1945년 10월 15일」, 『김일성전집』 제2권.

김일성, 「유자녀학원, 초등학원, 애육원 사업을 개선할 데 대하여, 당중앙위원회 상무위원회에서 한 결론 1958년 4월 1일」, 『김일성전집』 제21권, 평양: 조선로동당출판사, 1998.

김일성, 「혁명자유자녀들은 부모들의 뜻을 이어 훌륭한 혁명가가 되라. 만경대혁명학원 학생, 교직원들과 한 담화 1947년 8월 3일」, 『김일성전집』 제6권.

김일성, 「혁명가 유자녀들을 직업적 혁명가로 키우자, 해주, 남포혁명학원 교직원, 학생들 앞에서 한 연설 1968년 9월 5일」, 『김일성전집』 제41권, 평양: 조선로동당출판사, 2002.

김일성, 「조국해방전쟁에서 희생된 인민군장병 및 빨찌산들과 애국렬사들의 유자녀학원 설치에 관하여 (내각결정 제192호 1951.1.13)」, 『김일성전집』 제13권.

김정일, 「혁명가 유자녀들은 당과 수령에 대한 무한한 충실성으로 혁명의 대를 굳건히 이어나가야 한다. 당중앙위원회 책임일군, 조선인민군 지휘성원들과 한 담화, 2007년 10월 13일, 18일」, 『김정일선집(증보판)』 제23권, 평양: 조선로동당출판사, 2014.

김정일, 「주체혁명의 새 시대, 선군시대의 우리 일군들은 당의 기초축성 시기 일군들처럼 살며 투쟁하여야 한다. 당, 국가책임일군들과 한 담

화, 2005년 1월 9일」,『김정일선집(증보판)』 제22권, 평양: 조선로동
당출판사, 2013.

김정은,「혁명가 유자녀들을 선군혁명의 기둥으로 튼튼히 키우는 것은 만경
대혁명학원의 기본임무이다. 만경대혁명학원을 돌아보면서 일군들
과 한 담화, 2012년 1월 24일」, 평양: 조선로동당출판사, 2013.

『조선대백과사전』 제15권, 평양: 백과사전출판사, 2000.

〈노동신문〉, 2017.11.5. 2면.

김동규·김형찬,『북한교육사(조선교육사 영인본)』, 서울: 교육과학사, 2000.

한국평화문제연구소·조선과학백과사전출판사 편,『조선향토대백과(1)』, 한
국평화문제연구소·조선과학백과사전출판사, 2003.

〈연합뉴스〉1999.04.22. https://news.naver.com/main/read.nhn?mode=
LSD&mid (검색일, 2018.8.24.)

〈연합뉴스〉, 1999.08.20. https://news.naver.com/main//read.nhn?mode=
LSD&mid=sec&sid1=100& oid (검색일, 2018.8.24.)

〈연합뉴스〉, 1999.04.22. https://news.naver.com/main/read.nhn?mode=
LSD&mid (검색일, 2018.8.24.)

〈연합뉴스〉, 2014.4. https://news.naver.com/main/read.nhn?mode= LSD
&mid=sec&sid1=100&oid=001&aid=0006874771, (검색일. 2018.8.19.)

□ 북한의 보훈: 정치적 보상 _ 현인애

강석승,「남북한의 국가보훈에 대한 인식과 그 특성비교」,『북한학보』Vol.37
No.1, 북한학회, 2012.

김병로, (2006)「북한의 시장화와 계층구조의 변화」,『현대북한연구』16권 1
호, 2013.

김종성,「남북한 보훈제도 통합에 관한연구」, 경희대학교 박사논문, 1998.

김충석, 「소련 극동군 제88여단의 조선인 공산주의자들」, 『역사연구』 30, 2016.6.

윤황, 「북한보훈제도의 상징성에 관한 연구」, 『한국보훈논총』 1권1호, 2003년 여름.

유영옥, 「남·북한 보훈정책의 상징성 비교」, 『大韓政治學會報』 Vol.13 No.1, 대한정치학회, 2005.

이성춘, 「북한의 보훈정책 고찰과 통일대비 한국 보훈정책 발전방안」, 『융합보안논문지』 15권2호, 2015.3.

『주민등록사업참고서』, 평양: 사회안전부출판사, 1993.

『북한법령집』, 대륙연구소, 1~5, 1990.

〈로동신문〉

〈통일신문〉 http://m.unityinfo.co.kr

〈데일리NK〉 https://www.dailynk.com

〈자유일보〉 http://www.jayoo.co.kr

□ 북한 보훈제도: 어제와 오늘, 그리고 내일 _ 강채연

국가보훈처. 『국가와 보훈』, 서울: 국가보훈처. 2002.

김영실, 「인류 전쟁사가 알지 못사는 경이적인 사변」, 평양: 김일성종합대학, 2019.

김일성, 「평양혁명자유가족학원 개원식에서 한 훈시」, 『김일성저작집』 제3권, 1979.

김종성, 「남북한 보훈제도 통합에 관한 연구」, 경희대학교 박사학위논문, 1999.

북한연구소, 「수령에 대한 충실성을 생활화하는 것은 혁명전사의 고상한 풍모」, 『북한주요정책논조』 제25권 제6호, 1992.

법무부, 「국가보훈기본법」, 서울: 법무부, 2017.

사회과학출판사, 『정치사전 1』, 평양: 사회과학출판사, 1973.

손혁철, 「전쟁의 불길 속에서 취해주신 영예군인 생활보장 제도」, 평양: 김일성종합대학, 2020.

우성섭, 「항일의 혁명 전통을 영원히 옹호고수하고 계승 발전시켜 나가는 것은 조선로동당의 확고한 의지」, 평양: 김일성종합대학, 2020.

유철민, 「새롭게 밝혀진 조국에 대한 철리」, 평양: 김일성종합대학, 2020.

이성춘, 『외국보훈제도: 중국의 보훈제도』, 서울: 국가보훈처, 2003.

평양, 「주체형의 혁명가의 신념과 의리」, 『근로자』 제11호, 1983.

공훈전자사료관

「조선민주주의인민공화국 사회보장법」. 2008.1.9.

자유아시아방송

□ 북한의 보훈과 제재, 법제는 현실 적합한가 _ 채경희

강석승, 「남북한 '국가보훈'에 대한 인식과 그 특성 비교」, 『북한학보』 Vol.37 No.1, 북한연구소, 2012.

김석향, 「북한 장애인의 일상생활 현황: 북한이탈 주민의 인식을 중심으로」, 『北韓硏究學會報』, Vol.15 No.1, 북한연구학회, 2011.

김진철, 「북한의 사회불평등 구조화 요인과 특성에 관한 연구: 주민 성분분류사업을 통한 사회적 자원의 배분 문제를 중심으로」, 서울대학교대학원 사회학과 석사학위논문, 2010.

채경희, 「북한 '인민반'에 관한 연구 : 인민반의 조직, 역할, 기능을 중심으로」, 북한대학원대학교 정치·통일전공 석사학위논문, 2008.

현인애, 「북한의 주민등록제도에 관한 연구」, 이화여자대학교 북한학전공 석사학위논문, 2004.

이제우, 「북한의 신분·공민·주민등록제도에 관한 연구」, 『사법정책연구원 연구총서』, Vol.2017 No.3, 사법정책연구원, 2017.

□ 북한 보훈과 영웅 상징화 _ 엄현숙

Giddens, A, 1984. *The Constitution of Society: Outline of the Theory of Structuration*. Calif.: Unoversity of California Press. 황명주 외, 『사회구성론』, 서울: 간디서원, 2012.

김중섭, 「기든스의 구조화 이론과 사회 행위」, 『현상과 인식』 제8권 1호, 1984.

김용학, 『사회구조와 행위』, 서울: 사회 비평사, 1996.

Gilbert Ryle, 이한우 역, 『마음의 개념』 서울: 문예출판사, 2004.

박주화, 「20~30대 통일의식에 대한 변명」, 『Online Series』, 2018.1.30.

엄현숙, 「결핍에 대한 북한 주민의 마음의 변화: 〈조선신보〉를 중심으로」, 『통일 문제연구』 제30권 2호, 2018.

정병화, 「관성적 권력'으로서의 '선군정치'」, 『대한정치학회보』 제20호 2호, 2012.

조정아, 「2030 세대의 통일의식과 통일교육의 새로운 패러다임 모색」, 『통일교육연구』 제15권 2호, 2018.

『조선말대사전』, 평양: 백과사전출판사, 1992.

『조선중앙년감』, 평양: 조선중앙통신사, 1995~2007.

차문석, 「북한의 노동 영웅에 대한 연구: 영웅 탄생의 정치 경제적 메커니즘」, 『사회과학연구』 제12권 1호, 2004.

최종환·이우영·엄현숙, 「적을 이용한 북한의 주민 결속 메커니즘 연구: '고난의 행군' 시기를 중심으로」, 『북한연구학회보』 제23권 1호, 2019.

한스-요하임 마즈, 송동준 역, 『사이코의 섬: 감정정체·분단 체제의 사회심리』, 서울: 민음사, 1994.

함택영, 「남북한 평화체제의 건설과 통일교육: 연합제와 낮은 단계의 연방
제의 수렴을 중심으로」, 『국가전략』 제9권 3호, 2003.

보 훈 문 화 총 서

『복지로 읽는 보훈』

- 황미경 김종우 이준희 변해영 윤승비

이 책은 보훈복지의 개념과 과거, 현재의 실상을 살펴보며, 미래를 전망하면서, 보훈복지 시스템을 정착시키는 것이 오늘의 우리 보훈복지 정책의 핵심과제임을 밝히고 있다.

『보건으로 읽는 보훈』

- 정태영 김진성 전지혜 서경화

이 책은 건강에 초점을 맞춰 보훈의 정의를 재조명한다. 보훈대상자의 몸과 마음의 건강을 지켜드리는 것이 보훈의 기본이며, 사회의 건강과 안녕의 중요 요소임을 밝히고 있다.

『보훈의 여러 가지 얼굴』

- 이찬수 전수미 이재승 김선 김희정

이 책은 평화, 정의, 법률, 교육, 통일 등의 관점에서 보훈의 의미와 가치를 새롭게 조명한다. 보훈은 국가적인 차원의 문제일 뿐만 아니라, 지금-여기 우리의 일임을 밝히고 있다.

『남에서 북을 다시 보다: 탈북 박사들이 보는 북한의 보훈』

- 이철 현인애 강채연 채경희 엄현숙

이 책은 사회주의 체제로 남한과 대립하는 상황에서 전개된 북한의 보훈정책과 제도를 상호 이해하면서, 남북이 통일을 지향할 때, 보훈 분야에서 생각할 통일 과제를 밝히고 있다.

『통일로 가는 보훈』

통일연구원·보훈교육연구원 공동기획

- 이찬수 김희정 임상순 이철 전수미 서운석 서보혁

이 책은 보훈이 사회를 통합하고 통일 달성에 기여할 수 있는 방안을 다루면서, 독립과 국권 수호, 민주화 등의 보훈 과제가 새로운 미래에도 유지, 기여하는 길을 밝히고 있다.

『보훈 3.0: 시민과 함께 보훈 읽기』

- 김상돈 서운석 윤승비 이영자 이용재 이재승 이찬수
  임상순 전수미 정태영 형시영

이 책은 일반 시민들이 보훈에 쉽게 접근하고, 친근히 대면하여 오늘 우리 삶의 근거이자, 우리의 공통 과제임을 공감할 수 있도록 언론에 게재한 글을 중심으로 소개한다.

『가족과 함께하는 보훈교실』

- 서운석

이 책은 보훈을 다양한 각도에서 생각해 보고 우리 사회 공동체 일원으로서의 자세를 생각해 보자는 내용이다.

보훈교육연구원 보훈문화총서04

남에서 북을 다시 보다

등록 1994.7.1 제1-1071
1쇄 발행 2020년 12월 31일

기   획 보훈교육연구원
지은이 이철 현인애 강채연 채경희 엄현숙
펴낸이 박길수
편집장 소경희
편   집 조영준
관   리 위현정
디자인 이주향
펴낸곳 도서출판 모시는사람들
        03147 서울시 종로구 삼일대로 457(경운동 수운회관) 1207호
전   화 02-735-7173, 02-737-7173 / 팩스 02-730-7173

인   쇄 (주)성광인쇄(031-942-4814)
배   본 문화유통북스(031-937-6100)
홈페이지 http://www.mosinsaram.com/

값은 뒤표지에 있습니다.
ISBN 979-11-6629-016-9   04300
세트   979-11-6629-011-4   04300

이 도서의 국립중앙도서관 출판예정도서목록(CIP)은 서지정보유통지원시스
템 홈페이지(http://seoji.nl.go.kr)와 국가자료공동목록시스템(http://www.
nl.go.kr/kolisnet)에서 이용하실 수 있습니다.(CIP제어번호:CIP2020055239)

한국보훈복지의료공단 창립 40주년을 맞아 한국보훈복지의료공단의 지원
을 받아 출판되었습니다